Emmanuelle Turpin

Renaissance

MOT DE L'AUTEUR

Avant d'écrire ce livre, j'ai regardé, j'ai observé tous ces gens qui gravitent autour de nous chaque jour. Qu'ils soient notre famille, nos amis, nos collègues, des connaissances, ou tout simplement des inconnus croisés dans la rue dont on imprime furtivement le visage dans un coin de notre esprit avant de l'oublier pour de bon. Ce que j'ai vu ce sont d'abord des masques, des carapaces que l'on revêt , des artifices dont on use et abuse au quotidien pour se fondre dans la masse, mais plus généralement pour protéger la sensibilité qui fait de chaque homme un être humain à part entière.

On dit souvent que ce qui différencie l'homme de l'animal, c'est la faculté de penser, d'être conscient. Mais que signifie dans notre monde aujourd'hui le fait d'être conscient? Etre conscient réside t-il dans le fait de se lever chaque jour, de marcher, de parler, de manger, de savoir tenir des objets dans nos mains? Tout cela fait partie de la mécanique naturelle du corps, le cerveau commande, le corps obéit. Etre conscient, selon moi, c'est savoir écouter le langage de notre esprit, savoir décrypter celui du corps humain, repérer les signaux, différencier un rire nerveux d'un rire de joie, deviner le sens caché des mots, lire les expressions du visage qui trahissent ce qu'on appelle communément "l'état d'esprit'.

Si l'on s'arrêtait un moment pour observer voici ce que l'on verrait :
- Notre voisin que l'on salue poliment chaque matin avant d'aller travailler, qui nous rend notre sourire en songeant qu'on ignore qu'il se meure d'un cancer.
- Le concierge de l'immeuble toujours serviable qui vient d'apprendre qu'il est viré.
- La maman aimante qui emmène ses enfants à l'école se demandant comment leur annoncer que leur père va quitter la maison.
- Le/La collègue de bureau qui lance des bonjours aimables à la ronde et qui pleure en silence en rentrant le soir car son salaire ne suffit pas à payer ses factures.
- Le cadre supérieur en costume- cravate qui va bosser pour son dernier jour, car il a appris deux mois plus tôt qu'il faisait partie du plan de licenciement.
- Le sans abri qui fait la manche au coin de la rue, en espérant un peu de compassion pour survivre mais qui se meure de honte intérieurement.
- L'automobiliste fatigué par les longs trajet pour se rendre au boulot et qui ce jour là était trop épuisé, il s'est endormi au volant laissant derrière lui des familles endeuillées, tandis que son quotidien reprend le lendemain dans la culpabilité.
Et d'autres encore...

Bien sûr c'est difficile et délicat de s'ouvrir au monde car cela implique de se

montrer sans artifices, se mettre à nu, dévoiler sa fragilité, admettre qu'on ne peut pas toujours s'en sortir seul. Mais si on le fait pas, un matin on se lève et on apprend que notre voisin nous a quittés, que le concierge a qui l'on confiait ses petits bobos n'est plus là, que la maman aimante a été hospitalisée pour épuisement mental, que le collègue de bureau aimable est en arrêt maladie, que le cadre supérieur balaie les rues, et que le sans abri est mort seul sous un pont transi par le froid, tandis que l'automobiliste coupable s'est pendu dans son garage espérant ainsi trouver le remède à ses maux.
Et ce matin là on se dit : " je n'ai rien vu venir, je ne savais pas qu'il était malade, qu'elle avait des problèmes..." Je ne croirais pas une personne qui me dirai ne jamais avoir prononcé ou pensé ces mots. Ensuite, on en vient à penser que si l'on avait su, si on s'était intéressé un tant soit peu à ces êtres aussi humains que nous le sommes, on aurait peut être pu leur apporter notre aide.

J'ai écrit ce livre parce qu'un jour la vie m'a rattrapée, insouciante et ambitieuse je faisais plein de projets, je fonçais tête baissée, j'oubliais que chaque jour est un pas de plus vers la fin, je n'écoutais pas la petite voix de ma conscience qui me chuchotait de ralentir, de vivre pour moi , de cesser de vouloir me conformer aux exigences de la société. Et nos rêves alors? Personnellement, je les ai tous mis de côtés pendant vingt trois ans...jusqu'à ce qu'à force de refouler mes émotions la coupe déborde. La vie m'a offert une opportunité extraordinaire, "une seconde chance", celle d'effacer l'ardoise et de repartir de zéro. Etait-ce de la chance ou étais-je simplement destinée à comprendre le message de ma conscience pour pouvoir le transmettre ensuite?

Aujourd'hui j'ai accompli mes rêves, et je poursuis la conquête de l'un d'entre eux au travers de l'histoire d'Elisa Mercier. Son histoire pourra sembler banale, mais ça aurait pu être votre histoire.

A la mémoire d'Eliane Alexandre (1934-2014) qui restera pour moi le plus bel exemple de ce monde.

Prologue- Le rituel

Avril 2003

6h05. Le réveil sonna, tirant Elisa de son sommeil. Elle éteignit le réveil en songeant qu'elle devrait mettre la radio pour se réveiller plutôt que la sonnerie. Mais elle craignait de ne pas l'entendre. Elle se leva et se dirigea dans la cuisine où elle fit passer du café. Pendant que la cafetière égrenait une à une les gouttes de café, elle coupa un morceau de baguette qu'elle beurra et tartina généreusement de confiture de groseille. Elle jeta un bref coup d'œil à la pendule : 6h15. Parfait, elle était dans le timing, encore 10 minutes de libre pour prendre le petit déjeuner avant d'aller se préparer pour une nouvelle journée. Elle avala en vitesse son copieux petit déjeuner puis fila dans la salle de bains. Une douche chaude acheva de la mettre d'aplomb pour démarrer la journée, puis elle revêtit un pantalon noir avec un pull en coton gris clair au décolleté discret. Elle arrangea ses cheveux face au miroir et se maquilla légèrement comme à son habitude, fard à paupières rose pâle et mascara waterproof. Un dernier passage dans la chambre pour récupérer ses boucles d'oreilles, son sac et elle se glissa dans une paire d'escarpins bon marché assortis à sa tenue. Enfin elle termina par un manteau en laine gris foncé, boutonné sur le devant et un foulard coloré contrastant avec la monotonie de sa tenue. Elle était prête. Un dernier coup d'œil à l'horloge: 6h55. Elle déverrouilla la porte. Un verrou pour le haut, un pour le bas et une dernière serrure dans laquelle s'insérait une énorme clef, identique à celle des portes de château dans les films d'animations, une vraie forteresse. Lorsqu'elle avait visité ce deux pièces pour la première fois, ce détail l'avait fait sourire. Autant de verrous et de clefs pour un appartement situé dans les quartiers paisibles de Maisons-Alfort, il ne manquait plus qu'un blindage en acier et un code à huit chiffres, pour se croire devant le coffre-fort d'une banque. Cela lui valait souvent quelques sarcasmes de la part des rares visiteurs qu'elle recevait.

Une fois dehors Elisa pressa le pas. Malgré son organisation quasi militaire pour partir le matin, elle avait toujours peur de manquer le train et d'arriver en retard en cours. Elle longea les boutiques, encore fermées à cette heure matinale à l'exception de la boulangerie qui ouvrait aux aurores pour offrir à ses clients des croissants chauds et du pain frais. Sur le trottoir d'en face l'Eglise St-Rémi dressait fièrement son clocher. Arrivée au bout de la rue Elisa prit à gauche direction la gare RER, comme tous les matins elle passa devant les habitués de l'arrêt de bus, frissonnant dans l'air frais de ce début avril.

Après quelques pas, elle déboucha sur la minuscule place où étaient stationnées cinq à six voitures. *"On aurait pas pu en mettre davantage"* songea t-elle devant l'espace réduit qui servait de parking. Elle sortit sa carte orange de la poche de son manteau et la passa à l'entrée de la gare pour accéder au quai. Une fois en haut de l'escalier elle s'étonna une nouvelle fois du spectacle matinal et pathétique: des dizaines de voyageurs, absorbés dans la lecture du journal parisien gratuit " le 20 minutes". Elle soupçonnait parfois certaines personnes de faire semblant de lire, pour somnoler paresseusement quelques minutes de plus en attendant le train.

7h14. Fidèle à l'horaire, le RER A arriva tonitruant en gare de Maisons-Alfort, sortant les voyageurs de leur torpeur. C'était le moment qu'Elisa détestait le plus. En quelques secondes, les wagons recrachaient tour à tour des flots bouillonnants d'hommes et de femmes, qui se bousculaient et se heurtaient aux mines de zombies qui tentaient impassiblement de monter dans le train. C'était un tumulte de pieds écrasés, d'épaules bousculées, d'ongles enfoncés, de sacs à demi arrachés, d'injures parfois. Une fois à bord de l'engin, les voyageurs debout dans le sas se serraient, essayant d'ignorer l'odeur nauséabonde de la transpiration ou de l'haleine de leur voisin. Ceux qui avaient eu la chance de trouver un siège libre s'installaient. On pouvait lire sur les visages hagards la mauvaise humeur, le manque de motivation, la lassitude du train-train quotidien. C'était un flot d'expressions auquel Elisa ne s'habituait pas. *"Pourquoi les gens se sentent-ils toujours obligés de faire la gueule dés le matin?" s'interrogeait-elle tous les jours.* C'était vraiment désolant à voir, on aurait dit des condamnés qu'on mène à l'échafaud.

Dix minutes plus tard, le RER faisait son entrée en gare de Lyon. La course commençait alors, il fallait s'extirper du train, gravir les escaliers roulants sans se faire piétiner, et enfin, traverser l'immense hall d'où partaient de multiples tunnels, menant aux correspondances avec le métro. Les voyageurs s'engouffraient dans ces galeries tels des poissons, zigzaguant entre les rochers et se laissant emporter par le courant jusqu'aux abysses où les quais sombres et mornes des lignes de métro attendaient patiemment leur arrivée tourbillonnante. Lorsqu'ils apercevaient les points lumineux se rapprochant dans l'obscurité du tunnel, les poissons affolés s'agitaient sur le bord du quai, prêts à se ruer à l'intérieur du bocal. Certains jours, ils étaient si nombreux à se masser à l'intérieur des rames de métro, que la jeune femme souriait intérieurement, imaginant à la place des visages écrasés contre les carreaux, les sardines entassées dans les boîtes vendues en grande surface. Elle se hissa à bord de l'engin juste avant que ne retentisse le signal automatique de fermeture des portes. La mécanique usée par les trajets répétés se remis lentement en route puis accéléra et plongea dans les souterrains obscurs en direction de la station suivante. A chaque arrêt, le va-et-vient des voyageurs reprenait invariablement. Les portes s'ouvraient, libérant le passage aux parisiens pressés de s'échapper de ces tunnels sombres. Puis, venaient d'autres voyageurs qui démarraient leur journée et se jetaient à l'intérieur des rames du métro, qui refermaient alors leur étreinte autour d'eux avant de reprendre sa course folle dans les interminables galeries. Au fil des mois Elisa avait acquis ce même comportement sauvage, presque primitif. C'était devenu son rituel, et chaque jour elle effectuait les mêmes gestes, mécaniquement comme une locomotive aux rouages bien huilés. Et en ce matin du 7 avril, la jeune femme songeait que la journée aurait la même allure que la veille: mêmes préparatifs, même cohue dans les transports, mêmes pas pressés sur les trottoirs, mêmes concerts de klaxons en ville, mêmes visages devant l'entrée de l'école de commerce, où elle avait été admise après deux ans d'un cursus préparatoire particulièrement intensif, et des concours pour lesquels la concurrence acharnée s'arrachait les places. Oui pensait-elle, cette journée s'annonçait comme toutes les autres et rien ne laissait présager le raz-de-marée qui s'apprêtait à déferler sur sa vie. Après huit stations de métros, la rame fit halte à Oberkampf. Ce fut à son tour d'être propulsée vers la lumière extérieure. Une fois au dehors, elle apprécia la douceur des rayons du soleil qui caressèrent son visage en guise de bienvenue. Le vacarme assourdissant du métro céda la place aux discussions animées, aux voitures grouillant dans les rues, aux grincements métalliques des rideaux de fer qui se levaient pour dévoiler leur vitrine et inviter les premiers clients à entrer.

La jeune femme se mêla à la foule d'étudiants qui inondait le trottoir. Elle s'engagea pensivement en direction de l'école, située à deux cent mètres de la station. Derrière elle son ombre, fantôme inerte sur le sol semblait vouloir la retenir. Pendant une fraction de seconde, elle parut s'apercevoir de cette bataille invisible qui se jouait dans son dos. Elle s'arrêta à environ cinquante mètres de l'arrivée puis reprit aussi vite sa marche. "*Ne sois pas idiote* ", se réprimanda t-elle à voix basse. Elle resta toutefois intriguée par cette étrange sensation et c'est songeuse qu'elle atteignit sa destination. Elle fut tirée de sa torpeur par les rires des étudiants massés devant les portes de l'école. Certains petits groupes avaient le nez dans des feuilles de cours, profitant de ces dernières secondes pour réviser, d'autres masquaient leur somnolence derrière des volutes de fumées. Le reste de la troupe se constituait des accros du téléphone portable échangeant déjà d'innombrables SMS pour raconter leur week-end. Quant à l'élite des filles et fils à papa, population majoritaire de grandes écoles, ils concouraient chaque matin à faire plus de manière les uns que les autres : " *Ton top vient de chez Dior? J'adore tes chaussures, c'est un modèle unique?* "C'étaient leurs seules préoccupations, intégrer une école de commerce prestigieuse n'était qu'une étape logique de leur parcours d'enfant gâté. La jeune femme avait bien du mal à s'accommoder de cet univers mondain. Ignorant la horde d'étudiants, elle se dirigea vers l'entrée et pénétra dans le hall. Elle commença à passer mentalement en revue sa journée : *de 8h00 à 10h00 cours d'expertise comptable...Pourvu que je sois pas interrogée, je ne maîtrise pas bien le sujet, espéra-t-elle silencieusement* .Puis à 10h elle enchaînerait sur deux heures de comptabilité des sociétés l'un de ses cours préféré. Elle prendrait sa pause déjeuner en compagnie de quelques étudiantes de son groupe. La journée se terminerait par...par quoi déjà? Elle ne parvenait pas à s'en souvenir. Sans qu'elle en eut conscience le tumulte des conversations s'apaisait au dehors. L'océan de rires et de mots reculait en vagues silencieuses et elle eut brusquement la sensation d'être seule. Elle ne captait plus le cliquetis des clés de voitures que l'on range. Le bip des touches de téléphone portable ne résonnait plus. Le flot ininterrompu des étudiants se changeait en musée de cire. *Mais que se passe t-il ?* Son corps refusait de lui obéir. Son esprit lui jouait-il un mauvais tour?

Combien de minutes s'écoulèrent avant que la jeune femme ne revienne à la réalité, elle ne le sut jamais. Elle était entrée dans l'école et avait été stoppée dans son élan par un doute terrible. Il s'était immiscé insidieusement en elle, alors qu'elle répétait intérieurement la liste des cours prévus au programme de la journée. Elle l'avait entendu susurrer à son oreille sans l'entendre vraiment. La voix s'était alors voulue plus forte, plus insistante et lui avait fait perdre le fil de ses pensées. Puis, une puissance fougueuse s'était dressée devant elle, l'empêchant d'avancer plus loin dans le hall d'entrée, lui barrant tout accès aux salles de cours. L'écho de ses murmures intérieurs s'était répercuté contre cet étrange mur invisible. La puissance du choc avait ébranlé Elisa et le doute qui s'était insinué en elle, s'était mué en une question simple : "*mais qu'est-ce que je fais là*?". Pour la première fois depuis son arrivée à Paris, les automatismes du quotidien perdaient tout leur sens, ils n'avaient plus d'intérêt. La jeune femme observait le va-et-vient autour d'elle de loin, elle n'était plus dans son corps. Désormais son esprit dirigeait la danse et son corps visionnait la scène comme un spectateur inerte.

PREMIERE PARTIE : PARIS

Chapitre 1 : Prémices

Juillet 2001

Encore quelques jours de patience et ce serait la délivrance. Elisa venait d'achever deux ans d'études en classe préparatoire aux grandes écoles, et pas moins de dix jours successifs d'épreuves écrites, suivies d'une quinzaine d'entretiens oraux en tout genre. Des entretiens collectifs basés sur des thèmes plus loufoques les uns que les autres aux entretiens individuels, où l'on ne retenait que les candidats capables de ne pas s'effondrer en larmes avant la fin, Elisa avait tout fait. Elle était à la fois soulagée et angoissée, ces concours se révélaient plus éprouvants qu'il n'y paraissait. Elle allait enfin savoir si le vœu de sa mère serait exaucé : celui d'intégrer la plus prestigieuse et la plus cotée des écoles de commerce parisienne. HEC. L'école des hauts dirigeants, où se mélangent richesse de l'esprit et richesse matérielle.

Elle avait obtenu son bac en Sciences Economiques et Sociales avec la mention très bien, raflant au passage la fierté sans limite d'une mère en quête continuelle de la perfection. Cette réussite lui avait ouvert les portes d'un établissement réputé dans la région, où les étudiants planchaient sans relâche jusque tard le soir (parfois jusque 21h). Tous motivés par le but ultime d'obtenir leur sésame pour intégrer l'école de commerce la plus prestigieuse possible. Seule l'élite de la jeunesse étudiante avait accès à ces cursus préparatoires. De bons résultats ne suffisaient pas, il fallait également faire preuve d'un comportement et d'une motivation exemplaires. La jeune femme ambitieuse n'avait eu aucune difficulté à obtenir une place. Les entretiens préalables s'étaient révélés une formalité, sa place étant déjà toute réservée grâce à son parcours scolaire sans faille. Son dossier démontrait de grandes qualités personnelles et annonçait une réussite professionnelle certaine.

Lorsqu'elle avait démarré sa première année en cursus préparatoire, elle avait découvert que le personnel de l'établissement les considérait, elle et ses camarades étudiants, comme des princes. Les bonjours du matin s'accompagnaient presque à chaque fois de maintes courbettes ridicules. Le sublime et immense parc abritait des locaux aménagés dans un ancien château ce qui ne faisait qu'ajouter à la solennité de l'accueil. Malgré son irrésistible envie de rire chaque matin devant les mines empressées de politesse , la jeune femme s'était très vite accoutumée à être placée sur un piédestal. Elle en éprouvait une certaine fierté. Après tout, ils n'étaient qu'une trentaine à avoir été admis ici. Une trentaine de jeunes gens partagés entre les week-ends festifs où l'alcool dégoulinait des verres, et des semaines de 50 à 60 heures de cours intensifs.

Sa mère quant à elle, racontait à qui voulait l'entendre, que sa fille intègrerait prochainement une école de renom à Paris. Elle-même brillait par sa réussite. A quarante-cinq ans elle dirigeait d'une main de fer le service de neurochirurgie du Centre Hospitalier de Rouen. Son autorité et sa rigueur lui avait permis de s'imposer rapidement face à une équipe de vingt personnes, toutes fonctions confondues. Elle savait trouver l'équilibre entre relations professionnelles et relations personnelles et ne laissait pas la place aux états d'âmes. Chaque semaine elle convoquait son équipe pour leur rappeler leurs objectifs, leur assenant les grands principes d'un service tel que le leur: l'accueil des proches des patients, les protocoles de soin, l'image de l'hôpital. Du haut de son statut de manager elle menait le personnel soignant à la baguette. Ambitieuse, elle ne cachait pas sa fierté d'avoir été ainsi promue et affichait une carrière sans ombre. Elle aimait être reconnue en tant que personne et en tant que manager, au point d'avoir délaissé au fil des années, sa vie de famille au profit de son métier. Elle rentrait parfois jusque très tard dans la nuit, ne se souciant guère de l'inquiétude de sa fille ou de son mari. Après le décès de celui-ci la situation n'avait fait qu' empiré. Dés lors, elle avait commencé à mener la vie dure à sa famille, imposant ses ordres, pas question pour elle de toucher aux tâches ménagères après sa semaine de travail. Elle déléguait ces tâches à Elisa. Cette dernière s'acquittait péniblement de son tribu entre deux heures de révisions intenses. Peu importait à sa mère qu'elle doive avancer pour ses cours, la maison devait être constamment propre et rangée. Si par malheur Elisa n'avait pas exécuté les ordres, la matrone entrait dans des colères noires : "*Je travaille toute la journée, je me tue à la tâche pour vous et c'est comme ça que tu me remercies Elisa*" et elle enchaînait sur son éternel discours " *y'a intérêt à ce que tes résultats en cours soient plus mirobolants*"...Elisa détestait entendre cette phrase, chaque fois elle se sentait diminuée, elle avait l'impression de redevenir une petite fille tremblante devant l'autorité maternelle. En vingt ans elle ne s'était jamais opposé à sa mère. Les rares fois où la tension se faisait sentir entre les deux femmes, sa mère parvenait toujours à retourner la situation à son avantage, accusant sa fille de ne pas l'aimer, de ne pas reconnaître l'affection qu'elle lui portait. Quel genre d'affection pouvait-on attendre d'une mère dont la seule préoccupation était de paraître la meilleure aux yeux du monde? Ce qu'aimait sa mère ce n'était pas sa fille mais ce qu'elle représentait, l'image qu'elle véhiculait. Pas question d'entacher sa belle carrière professionnelle par une vie de

moins une qualité qu'elle reconnaissait à sa mère : le respect de son intimité.
- Les résultats seront mis en ligne après-demain à partir de 16h je crois.
- Tu crois ou tu en es sûre? rétorqua sèchement sa mère.
- Si tu veux je peux revérifier?
- Non ça ira, je sais que de toute façon tu ne vérifieras pas sans moi. J'ai hâte de savoir. Il faudra commencer à prévoir ton déménagement.
- Bien entendu, acquiesça t-elle.
- Je ne trouve pas très enthousiaste.
- Si c'est juste que...
- Que quoi?
- Est-ce vraiment important si je ne suis pas admise pour HEC?
- Qu'est-ce qui prend? Bien évidemment que c'est important! Tu feras quoi autrement, tu iras pointer au chômage? Tu as plutôt intérêt à avoir des résultats à la hauteur de tes capacités. C'est la meilleure école, ton avenir est assuré et tu sais aussi que pour les meilleurs les frais de scolarité sont pris en charge par l'école.
- J'ai fait mon maximum pour ces concours, il n'y aucune raison que je ne sois pas admise.
Le sourire de sa mère s'élargit. Elle n'avait jamais douté des capacités de sa fille à obtenir le meilleur. Elle brûlait d'impatience d'annoncer officiellement à tout le monde, son départ pour la capitale. Ses yeux verts inex-

pressifs vinrent se poser sur sa fille. Elle l'admirait car elle voyait à travers elle le reflet de la réussite. C'était sa manière à elle d'aimer sa fille, elle n'avait jamais vraiment su ce que signifiait l'amour maternel, ce qu'était ce lien qui unit une mère et son enfant pendant les neufs mois de la grossesse dont parlent toutes les mamans. Son amour à elle se traduisait par des tenues neuves à chaque rentrée scolaire, des séances chez le coiffeur chaque mois, des contrôles dentaires annuels et de l'argent placé sur un livret d'épargne bloqué, destiné à régler les frais exorbitants de la future école de sa fille.
- Maman?
- Oui?
Elisa hésita, elle sentait des nœuds s'entrelacer dans son ventre, et des frissons lui parcourir le dos. Elle était sur le point d'anéantir les espoirs de sa mère.
- Je suis confiante, mentit-elle.
- Moi aussi.

La silhouette disparut de l'encadrement de la porte, ses pas s'éloignèrent lentement dans l'escalier, rythmés par les grincements du bois.
" Je ne sais pas comment lui dire", soupira t-elle en posant son visage dans les paumes de ses mains. Elisa pensait à haute voix. Elle craignait la réaction de sa mère lorsqu'elle lui annoncerait qu'elle ne partageait pas son

désir de la voir intégrer la meilleure des écoles de commerce parisiennes. Elle avait pris conscience lors de ses visites successives dans les écoles qu'elle avait sélectionnées de ce qu'elle recherchait réellement. Pour s'épanouir dans ses études elle avait besoin d'une école où elle se sentirait encadrée, où les intervenants dispensaient leur cours par plaisir et non par obligation. De plus, elle qui n'avait jamais vécu dans un milieu particulièrement aisé ne se voyait pas intégrer une école bondée de fils à papa en costume - cravate, et de filles issues de la classe mondaine de Paris qui gesticulaient chaque fois qu'elles éclataient de leur rire artificiel. Elle ne faisait pas partie de cette jeunesse dorée et elle ne souhaitait surtout pas devoir se glisser dans un rôle qui n'était pas le sien. *Je ne suis pas assez superficielle pour me fondre dans cette jungle là.* C'était le constat qu'elle avait fait au cours des entretiens d'admissions. Les écoles et les entretiens s'étaient succédés. Pas moins de quinze écoles lui avaient ouvert leurs portes, chacune rivalisant pour offrir le meilleur accueil aux candidats: café, petits fours, salles de yogas pour se détendre. Partout c'était pléthore de sourires, d'amabilité non feinte, de petites attentions. *La première impression est toujours la plus importante,* se remémora la jeune femme. C'était vrai. A chaque nouvelle école elle avait suivi ces sens, s'était imprégnée des lieux. Elle s'était projetée au cœur des amphithéâtres, avait parcouru les rayons sans fin des bibliothèques, navigué parmi les flots d'étudiants jusqu'à ce que la certitude s'installe en elle. Ce fût une école parisienne bien moins renommée qu'HEC qui la convainquit qu'elle trouverait sa place dans un environnement convivial, où on était davantage une immense famille qu'un lot d'étudiants jetés là par vagues d'années en années. Les salles de cours n'étaient pas immenses mais adaptées au nombre, équipées de rétroprojecteurs, de sièges en tissu bordeaux de bonne qualité, de mobilier récent. Au rez-de-chaussée une petite cafétéria avait été aménagée, plus tard la jeune étudiante y passerait de nombreuses heures à travailler en grignotant un sandwich acheté sur place. Et le comble pour Elisa avait été de découvrir l'installation informatique, un réseau wifi qui couvrait toute l'école où que l'on soit, des salles informatiques dernier cri. Ici l'atmosphère qui régnait était chaleureuse, conviviale, et l'image de la grande famille que véhiculait l'école rassurait la jeune étudiante. Elle qui cherchait depuis des années sa place au sein de sa propre famille était sur le point d'atteindre enfin son but et de s'épanouir loin des exigences de sa mère. L'Ecole Supérieure de Gestion de Paris plus communément nommée ESG répondait à toutes les espérances de la jeune femme. Sa mère comprendrait-elle son choix? Comment réagirait-elle? Elisa

la changeait des tenues figées imposées par sa mère pour se rendre en cours. Les chemisiers blancs, les tuniques à col claudine et les pantalons noirs ou gris, laisseraient bientôt la place à des vêtements plus décontractés. Elle s'était promis d'assouplir son style vestimentaire une fois à Paris. Mais pas trop tout de même, elle refusait de modifier radicalement son look, il fallait tout de même qu'elle paraisse sérieuse pour le cas où un recruteur arpenterait les couloirs de l'école. Bien qu'elle n'eût pas les mêmes ambitions que sa mère en matière de scolarité, elle comptait se faire une place au sein des plus grands cabinets d'audit. Malgré son envie d'indépendance, l'éducation qu'elle avait reçue laissait une empreinte indélébile sur son mode de vie.
- Elisa? cria sa mère du haut de l'escalier
- Oui maman? Qu'y a-t-il ?réussit-elle à articuler entre chaque marche de l'escalier.
- Tu vas être en retard pour ta soirée.
- Oui je m'apprêtais à partir.
- Habillée ainsi?
Elisa croisa le regard désapprobateur de sa mère.
- Oui. Pourquoi ça ne me va pas?
- Si, mais cette robe me semble bien légère, répondit-elle en faisant allusion au décolleté qui laissait deviner les formes généreuses d'Elisa.
- J'ai prévu une veste par-dessus.
- Je préfère ça.

- J'y vais. Bonne soirée.
- Bonne soirée, et ne bois pas d'alcool, je te rappelles que tu conduis.
- Ne t'inquiètes pas maman, tu sais que je bois jamais d'alcool.
- Hum.

Elisa déposa un baiser rapide sur la joue de sa mère avant de sortir. Une fois au volant de sa voiture, une petite 106 blanche, elle relâcha enfin la pression de l'instant qui venait de s'écouler. Elle avait bien cru que sa mère allait lui refuser de sortir ainsi vêtue. Son père aurait certainement été fier d'elle, la présence paternelle lui manquait cruellement.

Chapitre 2: Evasion

Il était tout juste vingt heure lorsqu'Elisa et son petit groupe d'amis poussèrent la porte du Country Bar. Il n'avait de Country que le nom. A l'intérieur un imposant bar en bois laqué accueillait les visiteurs, et offrait une vue d'ensemble sur la salle de jeu où trônaient six tables de billard, deux flippers et un ancien juke-box. Le sol en moquette feutrée étouffait le bruit des talons et conférait au lieu une atmosphère chaleureuse. Le petit groupe salua le patron accoudé au bar. Celui-ci connaissait bien les jeunes gens habitués de l'endroit. Il appréciait leur bonne humeur et savait qu'il n'y avait jamais de débordement. Il leva la main à son tour en guise de bienvenue et suivit du regard leur progression à travers la salle de jeu jusqu'aux tables situées dans le fond. Il les observa encore un moment, son regard fixé sur Elisa. Il ne l'avait encore jamais vue et sa robe noire lui donnait une allure de jeune fille distinguée qui contrastait autant avec le lieu, qu'avec le style décontracté de ses amis. Ils s'installèrent autour d'une table en coin ornée d'une banquette et commandèrent chacun une bière blanche. Ils trinquèrent à leurs résultats d'admission. La soirée se déroula au milieu des rires, les filles opposèrent une compétition acharnée aux garçons autour de la table de billard. Vers minuit la petite bande décida de prolonger la soirée dans une petite boîte de nuit fréquentée par la plupart des étudiants.

Lorsqu'ils arrivèrent devant la porte du night club, l'ambiance semblait déjà battre son plein depuis un moment. Elisa sentit l'appréhension l'envahir. C'était sa première sortie en discothèque, en entrant elle aperçut un couple s'enlacer dans un coin elle se demanda si le point de vue étriqué de sa mère ne rapprochait pas de la vérité finalement. Qu'importe, elle avait besoin de constater par elle-même quel genre de soirée se cachait derrière la lourde porte noire à double battant de l'entrée. Après avoir déposé quelques affaires au vestiaire et reçu un tampon à l'effigie du club sur la main droite, la petite bande d'étudiants s'engouffra dans la salle où les lumières colorées des spots s'entrelaçaient au rythme de la musique. Le dance-floor regorgeait d'étudiants se déhanchant, certains tentaient sans succès d'adopter une attitude sensuelle, d'autres semblaient hypnotisés par la musique, enfin, des filles pas plus âgées qu'Elisa s'exhibaient sur des estrades surplombant la salle, leur mini-jupe laissant entrevoir leurs dessous, et leur chemisier à demi ouvert offrant une vue dégagée sur d'opulentes poitrines. La jeune femme comprit plus tard que les danseuses en question étaient en fait des professionnelles engagées par le club pour attiser l'ambiance.

- Elisa on se commande à boire lança Mike l'un des garçons du groupe, tu veux quoi?
Elle regarda son ami et tenta vainement de lui dire qu'elle ne prendrait pas de boisson alcoolisée, mais le son de sa voix était étouffé par la musique.
- Un coca ça ira très bien.
- Quoi?
- Un COCA réussit-elle à souffler au moment où le volume sonore du titre diffusé par le disc-jockey ralentit avant le démarrage de la sélection suivante.
- Ok! ria Mike.
Et il partit en direction du bar où il commanda cinq bières fraîches et un coca. Un serveur leur apporta les boissons quelques instants après. Elisa croisa son regard et se surprit à maintenir ses yeux dans les siens pendant de longues secondes. Elle sentit la chaleur gagner ses joues lorsque ses pensées dérivèrent *...il est plutôt séduisant. Peut être va-t-il me remarquer aussi*? Elle le scruta du regard lorsqu'il s'éloigna, il portait un t-shirt noir cintré, avec le même logo que celui tamponné sur la main de la jeune femme. Son jean bleu nuit lui moulait généreusement les fesses ce qui n'échappa pas à l'étudiante. Toujours décidée à profiter de cette soirée, elle se résolut à attirer l'attention du séduisant barman. Aussi ses amis ne furent-ils pas étonnés de la voir s'immiscer dans la masse de danseurs et

imiter leurs pas, laissant ses hanches couler langoureusement.
Elle passa toute la soirée à jeter des regards furtifs en direction du beau barman et elle croisa ses yeux verts à plusieurs reprises. Mais malgré sa volonté, le jeune homme demeura totalement désintéressé. Elle fut terriblement déçue, même si elle n'en montra rien à ses amis qui eux n'avaient rien remarqué de ce petit jeu. Cet échec n'assombrit pas la bonne humeur de l'étudiante qui lassée de chercher à conquérir le barman, finit par s'abandonner totalement aux joies de la piste de danse. Les morceaux s'enchaînaient, le disc-jockey maniait parfaitement ses platines, faisant vibrer l'assistance au rythme intensif de titres alternant dance et techno. Tout le petit groupe avait rejoint la jeune femme sur la piste, pour eux aussi cette soirée qui s'ajoutait à une longue liste d'autres soirées identiques sonnait le glas d'une époque. Dans quelques semaines ils seraient tous séparés, chacun prendrait une direction différente et intègrerait une école de commerce en fonction des résultats obtenus. Mais contrairement à leur amie, tous ne traînaient pas derrière eux l'exigence élitiste de leur parents. Ils étaient là parce qu'ils l'avaient eux-mêmes choisis. Mike se destinait à une carrière de trader et rêvait de partir aux Etats-Unis visiter Wall Street. Quant aux autres, Julia voulait devenir négociatrice en commerce inter-

national, Stéphanie s'orientait vers le marketing et enfin Ben et Alex hésitaient encore entre la comptabilité pure ou le contrôle de gestion. Les deux acolytes inséparables depuis l'enfance étaient les seuls de la bande à s'exiler dans la même école. Elisa, elle, aurait aimé étudier les ressources humaines. Cependant l'ESG ne proposait pas cette spécialisation pour le moment. Aussi elle avait décidé de s'orienter vers l'audit, plus par dépit que par choix. Pas question de renoncer à l'école qu'elle avait choisie.

Vers trois heures du matin, ils décidèrent d'un commun accord qu'il était temps pour tous de rentrer. Ils se quittèrent sur le parking pour récupérer leurs voitures respectives. Elisa se sentait encore grisée par cette soirée, elle avait bu, dansé, profité. Sa première sortie en boîte de nuit demeurerait un excellent souvenir, malgré l'échec de sa tentative d'approche avec le beau barman. Elle s'installa au volant de sa voiture et ferma les yeux un instant. Elle revit l'image du jeune homme à la chevelure noire en bataille, brillant sous une épaisse couche de gel, son corps athlétique, son jean moulant. Etait-ce l'euphorie de la soirée qui continuait de se déverser dans tout son corps? Elle sentait la chaleur l'envahir à nouveau.

Et puis zut, pensa t-elle. *Dans quelques temps je serai à Paris, loin de cette ville, loin de mes amis et puis ma mère n'en saura rien...j'en ai marre d'être toujours la fille parfaite, pour une fois dans ma vie je veux faire ce dont moi j'ai envie, c'est moi décide...* Contre toute attente, elle retira les clés du contact, attrapa son sac à main jeté au pied du siège passager et sortit du véhicule. Elle se dirigea pour la seconde fois de la soirée vers la lourde porte noire de l'entrée, bien décidée à entamer la conversation avec le séduisant barman. Le sentiment d'euphorie continuait de battre contre ses tempes, ses oreilles bourdonnaient, elle avait les mains moites mais la démarche assurée. Elle s'installa au bar et attendit qu'il vienne prendre sa commande. Lorsqu'il s'adressa à la jeune femme, elle sentit sa détermination vaciller, elle le regarda confusément, la chaleur gagnait à nouveau ses joues, son cœur s'emballait et elle réussit finalement à prononcer quelques mots en guise de réponse :

- Un coca light.
- Très bien je vous sers ça dans une seconde.
- Entendu, merci.

Un coca light? Mais quelle idiote je fais, il va vraiment me prendre pour une fille coincée. Elle héla le barman .

- Oui? interrogea celui-ci en souriant.

Son sourire, il a les dents parfaites remarqua la jeune femme. Et voilà, ma mère m'a tellement bien conditionnée que je me mets à mon tour à observer les gens d'un œil critique. Super!

- Est-il possible de modifier ma commande?
- Oui bien sûr. Qu'est-ce que je vous sers alors?
- Une bière. Blonde.
- A votre service jolie demoiselle.
Il l'avait enfin remarqué. Du moins le pensait-elle, sinon il ne l'aurait pas appelé jolie demoiselle. *Non?* Peut être s'adressait-il à toutes les jeunes femmes qui se présentait au bar de la sorte? Il était temps pour elle de se montrer convaincante, il fallait qu'elle parvienne à aborder un autre sujet que le contenu de son verre. Il revint au bout de quelques secondes un ticket de caisse dans une main, un verre de bière fraîche dans l'autre.
- Et voilà.
- Merci. Le bar ferme à quelle heure?
C'était la seule question qui lui était venue à l'esprit. Il fallait absolument qu'elle trouve le moyen de le retenir et d'engager la conversation. Mais que se passerait-il en suite? Qu'attendait-elle au juste de cette approche?
N'ayant jamais eu de petit ami elle se demandait comment les choses étaient censées se dérouler ensuite. Devait-elle lui demander un numéro de téléphone? Laisser le sien sûrement pas, avec sa mère sans cesse en train de jouer à la surveillante chef.
- Vers cinq heures.
- Pardon?

- Le bar ferme à cinq heures, répéta le jeune homme en souriant. Vous ne devriez peut être pas boire ce verre finalement.
- Pourquoi cela?
- Eh bien, vous sembliez ailleurs quand je vous ai répondu. Il est déjà tard, la fatigue et l'alcool ne font pas bon ménage.
- Vous êtes derrière le bar, vous n'êtes pas censé me convaincre de consommer? ironisa la jeune femme.
- Si, mais il vaut mieux prévenir que guérir n'est-ce pas?
- Surprenant de la part d'un barman.
Ce dernier se mit à rire. Elle s'enhardissait.
- Certes mais pas plus que de voir une jeune femme telle que vous assise au bar à quatre heures du matin en train de siroter une bière.
- Qu'entendez-vous par une jeune femme telle que moi?
- Vous n'avez pas le profil des femmes qui viennent ici habituellement. Vous avez l'air bien trop sérieuse.
Piquée au vif, Elisa n'en montra rien. Ce qu'elle redoutait venait de se produire, il la prenait pour une fille coincée. Qu'a cela ne tienne, elle comptait bien ne pas en rester là.
- Il ne faut pas se fier aux apparences vous savez, rétorqua t-elle en plantant ses yeux clairs dans ceux du barman.
- Je serai curieux de voir ça.
- Ah oui? Dans ce cas on pourrait peut être se voir après la fermeture. La jeune femme fut

elle-même très étonnée de s'entendre prononcer ces mots. Il était trop tard pour faire marche arrière. Son ventre se noua à l'idée qu'elle était peut être en train de se ridiculiser.
- Pourquoi pas lui lança le jeune homme avec un sourire en coin. Mais pour le moment j'ai d'autres clients à servir, on se voit tout à l'heure.
- Sur le parking?
- Ok. A tout à l'heure.
Et il s'éloigna. Elle observa le léger mouvement de balancier de ses fesses dans le jean bleu et rougit lorsqu'elle croisa le regard d'un client accoudé au bar.
Une heure plus tard, les derniers clients quittaient le bar et les quelques clubbers encore en action délaissèrent la piste de danse. Elisa attendait près de sa voiture s'interrogeant sur ce qui se passerait une fois que le barman l'aurait rejointe. Cette fois elle était bien loin du cadre strict de l'autorité maternelle, elle fit taire au fond d'elle la petite voix qui lui ordonnait de sauter dans la voiture et rentrer à la maison. Elle avait l'impression que si elle regardait sur son épaule, elle verrait sa mère sous la forme d'un petit démon menaçant avec un trident à la main pointé vers elle : " *ne cède pas à la tentation ou tu t'attireras les foudres de l'enfer"*. L'enfer serait peut être bien léger à côté du courroux de sa mère si

celle-ci s'apercevait qu'Elisa n'était pas encore rentrée.
-Salut jolie demoiselle, entendit-elle à quelques mètres.
Elle se crispa, que devait-elle dire ou faire? Et lui qu'espérait-il d'elle?
-Salut.
-Tu avais l'air plus bavarde tout à l'heure.
-Je te l'ai dit il ne faut pas se fier aux apparences.
-J'ai hâte de voir ça, susurra t-il. Et il s'approcha de la jeune femme l'air très sûr de lui
Elle décida qu'il valait peut être mieux le laisser mener la danse et voir ce qui se passerait ensuite. Il était si près d'elle que son parfum aux notes musquées lui chatouillait les narines, elle percevait sa respiration saccadée.
-C'est quoi ton prénom?
-Elisa. Et toi?
-Enchanté Elisa, moi c'est Johan.
-Enchantée, bredouilla t-elle maladroitement.
-Alors Elisa, tu me montres ce qu'il y a derrière les apparences?
-C'est-à-dire?
-Si on commençait par aller dans un endroit plus discret?

Elle acquiesça et le suivit jusque derrière l'immense bâtiment qui abritait la discothèque. L'appréhension l'envahissait davantage à chaque pas, elle n'était certes pas très calée en matière de garçons mais elle devinait ce à quoi pensait le jeune homme à cet instant précis et elle n'était plus certaine de ce qu'elle faisait. Il finirait par se rendre compte qu'elle était totalement novice, elle n'avait à aucun moment envisagé l'éventualité de passer à l'acte avec un inconnu pour sa première fois.

Ils longèrent un mur jusqu'à un endroit sombre et désert. Le petit démon sur l'épaule de la jeune femme s'éveillait et sautillait de plus en plus, lui interdisant de faire quoi que ce soit de répréhensible mais elle ne l'entendait plus. Johan, le beau barman s'était penché vers elle et posait ses lèvres sur les siennes, elle se sentit défaillir et se mit à suivre le mouvement de ses lèvres pour répondre à son baiser. Il l'embrassa longuement et ses mains glissèrent dans le dos de l'étudiante, tâtonnèrent jusqu'au zip de la fermeture éclair de sa robe qui s'ouvrit silencieusement. Elle posa ses mains sur le torse musclé et se laissa submerger par un flot de sensations et d'émotions qu'elle ne connaissait pas. Elle ne distinguait plus rien et ne comprenait pas vraiment ce qui se passait. A son oreille le souffle chaud du jeune homme se faisait de plus en plus rapide au fur et à mesure qu'il laissait ses mains courir sur le corps en transe de sa partenaire. Il fit glisser la robe d'un geste franc aux pieds de la jeune fille, la plaqua contre le mur puis l'embrassa à nouveau. Elle réalisa soudainement qu'elle était à demi-nue et le mur froid dans son dos la fit frissonner. Le jeune homme prit cela pour un frisson d'excitation et lui chuchota à l'oreille *"tu en veux dis donc, tu avais raison il ne faut pas se fier aux apparences."* Elle allait répliquer mais il fourra sa langue dans sa bouche brutalement, s'appuya contre elle le pantalon baissé et avant que le démon grimaçant sur son épaule n'ait le temps d'intervenir, sa petite culotte suivit le même chemin que sa robe puis elle fût secouée sous les va et vient du jeune homme qui firent très vite place à des soubresauts et des râles. Il se retira et la laissa pantelante, essayant de mettre de l'ordre dans ses idées. Elle venait d'offrir son innocence à un inconnu et de trahir tous les commandements imposés par sa mère depuis vingt ans. Et comme si cela ne suffisait pas, elle n'avait pris aucune précaution. Malgré cela elle n'en retirait aucune satisfaction comme elle l'avait espéré. Elle n'était pas plus libre qu'avant, les barreaux de sa prison invisible avaient à peine été ébranlés. Elle se sentit désemparée et l'attitude du jeune barman n'améliora pas son état d'esprit. Il la remercia pour ce moment de brève extase, déposa un rapide baiser sur ses lèvres et la laissa seule se rhabiller. Elle se sentait honteuse de s'être laissée aller ainsi, elle avait espéré que ce moment hors des limites de l'autorité de sa mère lui donnerait un avant goût de la liberté qu'elle attendait. Au lieu de cela elle avait été traitée comme un objet ayant servi à satisfaire les désirs d'un autre, tout comme elle satisfaisait aux désirs de sa mère.

Elle regagna sa voiture rapidement, jeta son sac sur le siège, enfonça la clé dans le contact et démarra. Sur la route du retour, elle tenta vainement de chasser de son esprit l'image de ce qu'elle venait de faire. Arrivée à la maison, elle se fit la plus silencieuse possible pour introduire la clef dans la serrure, puis ôta ses chaussures à talons qui trahissaient son retour tardif. Elle parvint à se hisser sans bruit dans l'escalier dont le bois gémit paresseusement sous ses pieds et atteignit enfin son antre. Son regard croisa son reflet dans le miroir de la penderie, ses cheveux défaits et sa robe de travers lui rappelèrent sa vaine tentative d'évasion, une tentative bien éphémère qui lui laissait un goût amer. Elle avait toujours pensé qu'il lui suffirait de franchir les lignes de démarcation inscrites dans son éducation par sa mère pour découvrir la saveur de la liberté mais son aventure avec le séduisant barman l'avait renvoyé au fond de sa cage. Elle essuya les quelques larmes qui commençaient à rouler sur ses joues, se déshabilla en se promettant de ne jamais remettre cette robe et se coucha. Elle s'endormit au bout de quelques minutes épuisée par ce marathon psychologique.

Son sommeil fut de courte durée, sa mère ignorant l'heure avancée de la nuit à laquelle sa fille s'était mise au lit vint la réveil-

ler vers neuf heures du matin. En effet, il était hors de question de faire des grasses matinées, en bon général elle menait ses troupes à la baguette dés le matin. Aussi sans se préoccuper du besoin de sommeil de sa fille, elle ouvrit le volet qui dévoila l'intense luminosité du soleil déjà levé depuis plusieurs heures.
- Debout Elisa, commanda le général.
- Humm Maman, il est tôt j'ai besoin de dormir.
- C'est la nuit qu'on dort, tu as suffisamment traîné au lit, le ménage ne se fera pas tout seul. Le petit déjeuner est servi je t'attends en bas.
Après avoir aboyé ses ordres, elle tourna les talons et redescendit d'un pas lourd et déterminé.

Elisa, quant à elle parvint difficilement à entrouvrir les yeux. Couchée à cinq heures, le réveil si brutal s'avéra encore plus pénible que d'habitude. Mais elle n'avait d'autre choix que de se lever si elle ne voulait pas avoir à rendre des comptes à sa mère sur son excursion nocturne. Au prix d'un immense effort et beaucoup de volonté, elle repoussa la couette et se leva. Elle se hâta de rejoindre sa mère dans la cuisine avant que celle-ci ne se mette en quête de justifications sur l'état de fatigue de sa fille.
- Comment s'est passé ta soirée? interrogea sa mère avec un regard inquisiteur.
- C'était sympa, j'ai passé un bon moment.

- Je ne t'ai pas entendue rentrer.
- En effet, je n'ai pas fait de bruit pour ne pas te déranger.
- A quelle heure es-tu revenue?
- Vers minuit, mentit la jeune fille. Elle espérait que sa voix ne laisse pas transparaître son hésitation.
- Minuit? Et tu dormais encore à poings fermés quand je suis montée.
- J'ai bien profité de cette soirée, j'étais fort fatiguée.
- Fatiguée ou saoule?
- Maman! s'exclama Elisa choquée d'une telle question. Tu sais que je suis toujours prudente, je n'aurai jamais bu d'alcool alors que je devais conduire ensuite.
- Parles moi sur un autre ton s'il te plaît. Ce n'était qu'une question.
Elisa savait qu'il s'agissait d'avantage d'une enquête que d'une véritable inquiétude mais elle se garda bien d'en faire la réflexion. Le réveil était déjà assez difficile comme ça, elle n'allait pas risquer de s'attirer les foudres de sa mère. Elle avala en vitesse ses tartines au beurre et son café au lait puis fila dans la salle de bains espérant avoir un moment de répit. Elle sentait une migraine poindre sûrement due à la fatigue, une bonne douche lui permettrait de se requinquer un peu avant d'attaquer la liste des corvées ménagères préparées par la maîtresse de maison.

Fort heureusement le reste de la journée fut plus calme. Vers midi sa mère annonça qu'elle partait pour le reste de la journée régler quelques urgences au bureau. On était samedi, elle ne travaillait pas habituellement mais le service de neurochirurgie était en manque d'effectif alors elle devait s'assurer que l'organisation pour le week-end était bien en place. Elisa était persuadée que même s'il y avait eu une armée complète d'infirmiers et d' aides-soignants, sa mère aurait trouvé un prétexte pour se rendre là bas. Elle y passait le plus clair de son temps, son travail comptait plus que tout le reste et dés qu'elle le pouvait elle accourait. Au moins pendant ce temps là, la jeune fille pouvait enfin se reposer. Elle partagea son après-midi entre Robin Cook son auteur de roman policiers favori et Internet où elle s'adonnait à des discussions en ligne, son seul moyen de nouer quelques liens d'amitié éphémères. Sa seule source d'existence au-delà des murs de sa prison invisible.

Chapitre 3: Révélation

C'est le grand jour, songea Elisa en ouvrant les yeux le lundi matin. Le dimanche avait été encore plus reposant que le samedi, sa mère ayant passé la journée allongée dans son transat sous les rayons du soleil déjà bien agressifs en ce début juillet. Dans quelques heures le verdict tomberait et elle avouerait enfin à sa mère ce qu'elle souhaitait pour son avenir. Comment cette dernière réagirait-elle?

Pour la première fois en vingt ans, la jeune femme allait se présenter devant sa mère, sûre d'elle, sûre de son choix et rien ni personne ne l'empêcherait d'imposer son point de vue. Un seul paramètre demeurait hors de contrôle, celui des résultats. Certes l'étudiante avait mis toutes les chances de son côté sur les épreuves écrites qu'elle avait préparées minutieusement pendant de longues semaines. En revanche, elle doutait de sa force de conviction aux entretiens oraux, elle n'était pas très à l'aise dans ce type d'exercice. Elle s'était d'ailleurs arrangée pour que ce défaut ressorte de manière prononcée lors de l'entretien d'admission au sein de l'école HEC. Il était hors de question de se plier aux exigences de sa mère sur ce point, aussi elle avait volontairement fait en sorte que le jury ne soit pas enclin à apposer son nom sur la liste des candidats reçus. Cela lui éviterait au moins d'avoir à justifier un choix entre deux écoles et sa mère serait forcée d'admettre qu'a défaut d'intégrer cette école, sa fille pourrait poursuivre ses études dans une autre. Elisa avait élaboré cette stratégie pensant ainsi réduire l'intensité de la réaction de sa mère et y voyait une porte de sortie vers cette liberté tant attendue.

La journée semblait interminable. Les résultats seraient diffusés sur le site officiel à seize heures et dans quelques jours ils seraient confirmés par un courrier postal. La jeune femme vérifiait l'heure régulièrement mais l'horloge n'en faisait qu'a sa tête et les minutes s'écoulaient plus lentement qu'un sablier. Le stress s'intensifia lorsque l'heure approcha et que sa mère sembla vouloir faire durer le suspens en ne rentrant pas à la maison à l'horaire prévu. Elle avait été formelle avec sa fille, elle ne consulterait pas les résultats sans sa présence. Elisa n'imaginait pas ses amis en train de découvrir leurs résultats pendant qu'elle attendrait que sa mère daigne revenir. Mais fidèle à ses exigences, cette dernière franchit finalement le seuil de la porte à peine cinq minutes avant l'heure fatidique.

- Alors tu te sens prête? s'enquit-elle.

- Oui, je suis soulagée que tu sois là maman.

Chaque fois qu'elle angoissait, elle cherchait le réconfort auprès de sa mère. C'était les

seuls instants où il semblait flotter un parfum d'affection maternelle.
- Tu ne dois pas t'inquiéter, répondit celle-ci en posant une main sur l'épaule de sa fille.
- J'ai ouvert la page du site, je vais l'actualiser à seize heures tout juste.
- Il est seize heures, alors vas y cliques, s'impatienta la matrone pressée de confirmer ce qu'elle avait annoncé à ses collègues en quittant l'hôpital un peu plus tôt. *Ma fille va intégrer HEC.*

La souris se dirigea à l'écran sur l'espace d'identification des candidats. Une longue série de chiffres dans la première case et des étoiles dans la seconde libérèrent l'accès aux résultats individuels. La liste des écoles dans lesquelles s'était présentée l'étudiante s'afficha avec trois colonnes "admis", "non admis", " sur liste d'attente." Aucune croix dans cette dernière colonne. Elisa failli pousser un cri de joie en constatant qu'elle était admise dans dix des quinze écoles mais elle se retint devant le visage sans expression de sa mère qui s'était reportée directement à la ligne HEC en face de laquelle était plantée une croix dans la case "non admis". Ce fût l'électrochoc, en une fraction de seconde le petit monde parfait qu'elle avait érigé pour sa fille s'effondra comme un château de cartes. Le silence s'abattit sur les deux femmes, Elisa attendait que l'orage éclate, à chaque seconde elle devinait les vibrations de colère qui s'en-

trechoquaient dans l'esprit de sa mère. L'incrédulité sur le visage de celle-ci cédait peu à peu la place à de multiples expressions, mélangeant le désarroi, la tristesse, la déception. Comment sa fille avait-elle pu lui faire cela? Déjà des torrents de questions s'amoncelaient, comment l'annoncerait-elle à ses amis, ses collègues? Qu'allait faire Elisa maintenant? Mais surtout où s'était-elle trompée, à quel moment avait-elle pu commettre une erreur pour que sa fille en qui elle avait placé tous ses espoirs ne soit pas reçue?
Soudainement l'immense pluie de questions se dissipa et un éclair fulgurant cingla Elisa. Sa mère venait de lui asséner une gifle en plein visage, ses yeux flamboyaient de rage, sa bouche grimaçait monstrueusement. La tempête ne faisait que commencer.
- MAIS QU'EST-CE QUE J'AI BIEN PU FAIRE , vociféra t-elle. N'ai-je pas été toujours présente pour toi? Comment as-tu pu louper ce concours?
- Je n'en sais rien, bredouilla la jeune fille confuse devant l'attitude courroucée de sa mère.
- Tu n'en sais rien? Je vais te dire moi ce qui s'est passé, tu es une idiote qui as gâché tout son potentiel, tu finiras dans la rue à ramasser les poubelles ou pire. Je suis vraiment pas fière de toi ma fille. Je vais dire quoi maintenant aux gens quand on me demanderas si tu as été admise? Hein?

- Tu leur diras que ta fille a été admise dans une école de commerce parisienne.
- Pardon?
- Oui je n'ai certes pas été reçue pour HEC mais j'ai le choix entre dix autres écoles où j'ai été admise.
- Tu ne comprends pas ma pauvre fille, je me fous de tes écoles.
Elisa s'était attendue à une réaction virulente mais l'attitude de sa mère dépassait de loin l'entendement.
- Ce sont de bonnes écoles tu sais.
- Foutaises! Ce sont des écoles de bas étage, tu feras quoi en sortant de là? Tu iras récurer les chiottes de l'entreprise au bout de la rue parce que ton diplôme de vaudra rien? Merde Elisa, je t'ai tout donné, je t'ai soutenue, tu avais tout pour réussir!
L'obstination et le mépris dont elle faisait preuve troublèrent la jeune femme. Elle avait espéré compenser cet échec aux yeux de la matriarche par le succès auprès des autres écoles. Face à ce déluge de réprimandes toutes ses résolutions se noyaient, et si elle n'intervenait pas rapidement elle succomberait elle aussi. Pressentant que le coup de grâce était proche, elle se leva, se dressa devant celle qui l'avait tenu en laisse depuis sa plus tendre enfance et riposta :
- De toute façon je ne voulais pas de cette école.
La matriarche resta éberluée.

- Et pourquoi donc?
- C'est une école de snobs, de gosses de riches pourris-gâtés.
- Non mais tu t'entends. Alors tu avais prémédité ton échec c'est cela?
- Non, mais j'ai fais en sorte d'être admise dans l'école de mon choix.
- Ah et peut-on savoir de quelle école il s'agit?
- L'Ecole Supérieure de Gestion de Paris.
- C'est bien ce que je disais tu vas aller gaspiller tes compétences dans une école de....
- Ca suffit, l'interrompit Elisa, j'en ai marre que tu sois sans cesse à dénigrer tout ce que je fais. Je suis admise dans une école de commerce et tout ce qui compte pour toi c'est de savoir si elle est assez prestigieuse pour aller te vanter auprès de tes collègues. Et moi alors, tu as pensé à ce que je voulais?
- Retires tout de suite ce que tu viens de dire! De quel droit tu me parles ainsi je suis ta mère? Tu n'es qu'une ingrate!

Des larmes roulèrent sur joues de la jeune étudiante secouée par ce débordement de colère. Elle aurait tellement aimé que sa mère comprenne mais au lieu de cela elle s'obstinait à se positionner en victime pour culpabiliser sa fille. Et la manœuvre fonctionna à merveille, son élan de colère passé Elisa s'approcha de sa mère en balbutiant des excuses. Une fois de plus, la petite fille s'agenouillait devant l'autorité suprême et reconnaissait son erreur avant de négocier un compromis.

- Tu n'as plus le choix de toute façon c'est ça ou tu ne poursuivras pas tes études reprit sa mère.

- Oui.

- Dans ce cas, tu ferais bien de commencer tes recherches d'appartement mais ne comptes pas sur mon aide pour déménager ou quoi que ce soit d'autre.

- Entendu.

Le débat était clos. La tempête s'était retirée laissant des rivages dévastés derrière elle. La jeune femme avait conscience que sa mère ne lui pardonnerait jamais mais surtout elle n'accepterait jamais de lui rendre sa liberté. Pour la conquérir, il lui faudrait braver les éléments, franchir maints obstacles et se frayer un chemin dans la jungle de la vie parisienne. Elle quitta la pièce avec la conviction que la tempête qu'elle venait d'essuyer ne constituait que les prémices d'un ouragan beaucoup plus dévastateur.

Pendant les jours qui suivirent Elisa et sa mère échangèrent à peine quelques mots. La jeune fille avait définitivement arrêté son choix d'école. Sa mère ne digérait toujours pas la nouvelle. Néanmoins il faudrait qu'elle s'y habitue car déjà l'étudiante s'apprêtait à quitter le cocon familial. Après plusieurs heures passées au téléphone elle avait décroché trois rendez-vous pour visiter deux studios en plein centre de paris et un petit deux pièces situés dans la proche banlieue. Elle devait s'y rendre au plus vite si elle voulait obtenir l'un deux avant le démarrage des cours prévus en septembre. Malgré sa rancœur envers sa fille, sa mère accepta de lui remettre les documents dont elle aurait besoin pour se porter caution si le dossier de location était accepté par l'un des futurs propriétaires. Après de multiples recommandations concernant les points importants à vérifier lors de ses visites, elle avait déposé sa fille à la gare et lui avait dit au revoir sans effusions. La tension entre les deux femmes restait palpable, pourtant Elisa crut déceler une pointe de tristesse dans le regard de sa mère lorsqu'elle grimpa à bord du train. Cette impression s'effaça rapidement, à peine sa fille avait-elle pris place dans le train que sa mère tournait les talons abandonnant sa progéniture qui s'envolait vers de nouveaux horizons. Le signal du départ retentit, le train se mit en marche et dans un souffle bruyant, repoussa les badauds restés sur le quai. Certains brandissant un mouchoir, d'autres agitant la main en signe d'au revoir. Ce fut l'image qui s'ancra dans les souvenirs de l'étudiante, la dernière fois qu'elle vit ce quai. A travers le carreau sale elle sentait la chaleur des rayons du soleil de juillet qui irradiait, elle le laissa courir sur son visage et soupira. Enfin elle touchait au but, dans quelques heures elle serait locataire, elle s'installerait avec le mobilier acheté par sa mère quelques mois auparavant, il ne lui resterait plus qu'a se trouver un petit boulot pour compléter la partie du loyer qui n'était pas prise en charge par la Caisse D'allocations Familiales. Pour ses dépenses du quotidien sa mère lui verserait mensuellement de quoi faire face dans la limite du raisonnable. Elle sourit, l'indépendance ne serait pas totale tant que sa mère financerait son budget mais pour Elisa c'est ce qui se rapprochait le plus de la liberté. Elle ferma les yeux et son esprit vogua pendant toute la durée du voyage vers sa nouvelle vie. Il était désormais temps pour elle d'abandonner la sécurité du cocon familial pour construire sa propre destinée.

Chapitre 4 : Etrangère

Le train entra en gare de Paris Saint Lazare moins de trois heures après son départ de Rouen. Elle batailla quelques minutes avec sa grosse valise. Le temps qu'elle réussisse à la dégager du compartiment à bagages, le wagon s'était vidé. La valise était lourde, mais fort heureusement, équipée de roulettes. Elisa avait dû sélectionner ce dont elle aurait besoin dans l'immédiat, le temps d'attendre l'arrivée de ses meubles. Pour ça elle devait d'abord obtenir l'une des locations qu'elle s'apprêtait à visiter. En attendant de pouvoir emménager, elle s'installerait dans un hôtel. Sa mère avait déjà réservé. Par commodité, elle avait choisi un petit hôtel situé dans le onzième arrondissement, à quelques mètres du premier studio à visiter.

Arrivée au bout du quai, elle déboucha sur le hall de la Gare Saint Lazare. Immense. Comparé à celle-ci, la Gare de Rouen était minuscule. Des milliers d'individus, se croisaient, tiraient des valises, flânaient dans les boutiques, ou patientaient en dessous des tableaux d'affichage. La gare comptait vingt-sept voies, qui irriguaient la capitale et exilaient chaque jour des touristes, des salariés, des familles. Impressionnée, elle se figea, cherchant du regard la direction à prendre. Elle devait prendre le métro, ligne 9 direction Mairie de Montreuil, puis rejoindre la correspondance avec la ligne 11 à la station République. De là elle n'aurait plus qu'une station pour arriver à Goncourt. Tout était soigneusement noté, eu égard à l'organisation de sa mère. Elle traversa tout le hall de la gare, emprunta un escalier roulant qui l'emmena au niveau inférieur. Elle acheta quelques tickets de métro à une borne, puis manqua de rester coincée avec sa valise dans les barrières d'accès au métro. Personne ne lui vint en aide, les gens se précipitaient les uns derrière les autres, sans la voir. Elle finit par s'en défaire, puis longea les couloirs aux murs carrelés. Depuis sa venue aux entretiens oraux à l'ESG, elle avait oublié à quelle point l'atmosphère des souterrains était étrange. Il flottait un parfum désagréable dans l'air, indescriptible. L'odeur de renfermé lui assaillit les narines. *Beurk*. Elle mit vingt minutes pour atteindre sa destination. Le climat pollué et étouffant accueillit la nouvelle venue. Elle remonta à pied la rue du Faubourg du Temple. Elle repéra un grand Monoprix au centre de la rue, parfait pour les quelques courses du quotidien. Assis à terre, un couple de mendiants, qu'on pouvait difficilement éviter tant ils prenaient de place sur le trottoir, interpellaient les badauds, pestaient contre leur indifférence. Jeune provinciale, en tenue impeccable et avec une valise, elle ne passa pas inaperçue. Ils la hélèrent pour qu'elle leur donne un petit quelque chose. Elle

déclina poliment. Ils lui lancèrent un regard mauvais, *sale petite bourgeoise!* les entendit-elle maugréer. Cet échange d'impolitesse la mit mal à l'aise. Elle eut un moment l'impression de sentir le regard des passants sur elle. Son allure de jeune fille modèle était en totale contradiction avec les visages défraîchis, ridés. La rue du Faubourg du Temple se prolongeait jusqu'à la station de métro Belleville, scindée en son centre par la rue Saint-Maur. Cette même rue servait de démarcation à des populations bien distinctes. En montant vers Belleville, le quartier était peuplé d'immigrés asiatiques. Tandis qu'en allant à l'opposé, direction la place de la République, plusieurs ethnies originaires des pays orientaux cohabitaient. Elisa n'avait jamais été habituée à cette mixité, quasi inexistante dans les campagnes reculées de le Normandie. Etrangère à leurs mœurs, à leurs règles de vie, elle venait de tomber dans le piège typique de Paris : elle avait échoué au test d'intégration. Ici, on n'avait le droit de dire NON que d'une seule façon : l'ignorance. Une leçon qu'elle n'était pas prête d'oublier.
C'est avec un soulagement non dissimulé qu'elle atteint enfin l'hôtel réservé par sa mère. L'enseigne indiquait Hôtel Saint Maur. Ce dernier se situait dans une petite rue transversale, parallèle à celle du Faubourg du Temple. Le propriétaire, un type bedonnant et dégarni l'accueillit. Son haleine empestait

le tabac froid, il lui remit les clés en lui indiquant une chambre au premier étage. La chambre était étroite. Les murs garnis de papier peint jaunis affichaient un air penaud. La literie semblait propre, à l'instar de la salle de bains ou des toilettes, dans lesquels des cheveux collaient aux parois. Elle ouvrit la fenêtre pour aérer la pièce exigüe et verrouilla les deux serrures intérieures de la porte. Visiblement, sa mère n'avait aucune idée de ce à quoi ressemblait la chambre qu'elle avait réservé. Elisa la connaissait suffisamment pour savoir qu'elle ne l'aurait jamais volontairement envoyé dans un endroit aussi sordide. A moins qu'elle n'aie voulu la punir pour s'être opposée à ses décisions. Tout de même, ça aurait été disproportionné. Elle ne défit pas sa valise de suite, elle comptait bien ne pas s'éterniser ici. Elle téléphona à sa mère pour la prévenir qu'elle était arrivée et installée. Elle n'évoqua pas l'insalubrité évidente de l'hôtel. Elle préférait imaginer qu'il s'agissait d'une bévue involontaire de sa part.

Vers seize heures, elle se rendit au premier studio qu'elle devait visiter. Situé au sixième étage d'un immeuble à la façade refaite, il surplombait la rue Saint-Maur. La propriétaire, Madame Dilly, se présenta au rendez-vous avec une demi-heure de retard. Le stationnement dans les rues de Paris était particulièrement difficile. Pas étonnant qu'il y ait une telle affluence dans les transports en commun. Sans un mot d'excuse, encore une coutume parisienne sans doute, elle entreprit la visite des lieux. Le hall de l'immeuble donnait accès à un petit local poubelle commun. Un ascenseur vieux de mille ans permettait de rejoindre les neufs étages du bâtiment. C'était encore un ancien modèle, avec une porte percée d'une petit fenêtre rectangulaire aux carreaux troubles, que l'on ouvrait manuellement pour entrer dans la cabine. L'étroitesse de celle-ci, serait un inconvénient majeur pour transporter les meubles jusqu'au sixième étage. Elisa ne fut guère surprise de voir la propriétaire emprunter les escaliers. Six étages, il fallait les monter. La cage d'escalier était propre, la peinture un peu défraîchie se craquelait par endroit. Elles parvinrent enfin dans un couloir aux murs de crépis jaune pastel. Madame Dilly s'arrêta devant la seule porte neuve du couloir. Elle expliqua par la suite, que la porte avait été renforcée par un blindage et une serrure à trois points de sécurité. Pour dissuader d'éventuels cambrioleurs. Bien sûr, l'immeuble était calme. Pas d'effraction recensée dernièrement. Le studio portait bien son nom, dix-sept mètres carrés habitables, vue imprenable sur la Tour Eiffel mais aussi sur les graffitis de l'immeuble d'en face. Le coin cuisine tenait dans un espace de deux mètres carrés. L'annonce indiquait "meublé". En effet, un lit d'appoint déjà bien usé trônait dans la pièce principale,

ainsi qu'une étagère bancale. Quant à la cuisine, le minuscule réfrigérateur, servait de support à une plaque de cuisson, et se partageait la place avec un évier. Un seul bac de lavage évidemment. Enfin la salle de bains n'excédait pas les dimensions de la douche, qui elle-même offrait une vue sympathique aux résidents du couloir. Une grille servait de fenêtre et laissait sans nul doute filtrer la nudité des occupants de la salle de bains une fois sous la douche.
- Et il n'y a pas de toilettes, s'enquit la jeune fille?
- Si il y en a. Juste en face dans le couloir. Ce sont des toilettes communs pour tout l'étage.
Stupéfaite, elle voulut tout de même y jeter un œil. Elle poussa la porte en bois complètement défoncée, et dut reculer pour ne pas vomir. L'odeur était tout simplement immonde, les canalisations complètement rouillées, suintaient. Les WC n'avaient pas été lavés depuis un certain temps. Et dans un coin, une vieille brosse à chiottes dégoulinait, faisant le bonheur des cafards. Quelle horreur! Comment des gens pouvaient-ils vivent dans une telle crasse? La propriétaire tenta vainement de s'excuser. Elisa prit congé le plus poliment possible, en faisant bien comprendre qu'elle ne louerait pas dans ces conditions. Nullement vexée, la propriétaire lui souhaita bon courage dans sa recherche. A ce prix là, en plein cœur de Paris elle trouverait

difficilement mieux. Elle rentra à l'hôtel dépitée. Au soir elle acheta un sandwich chez Monoprix. Elle fut ravie de voir que les deux mendiants avait déserté les lieux. La nuit fut aussi pénible. Des gémissements et des cris de femmes résonnèrent à l'étage du dessus jusque cinq heures du matin. Elle ferma enfin les yeux, lorsqu'un troupeau dévala les escaliers sans discrétion. Mais où avait-elle atterri? Elle commençait à se sentir franchement mal à l'aise dans cet environnement. Elle espérait que la prochaine visite serait plus fructueuse. Il s'agissait d'un appartement deux pièces, un peu plus éloigné, proche de la Mairie des Lilas. Dés l'entrée, il s'avéra plus rassurant, porte à digicode, ascenseur récent, murs laqués. Plus lumineux et plus spacieux, il intéressa la jeune femme ainsi que les quatre visiteurs qui se présentèrent en même temps qu'elle. Un véritable jeu d'enchère se mit en place, celui qui aurait les meilleures garanties de paiement, aurait les faveurs du propriétaire. Celui-ci attribua l'appartement à un jeune salarié aux revenus plus que confortables. Elisa fut déçue.

A son retour, elle n'eut pas envie de retrouver de suite sa chambre d'hôtel poussiéreuse. Elle entra dans différentes petites boutiques de la rue Faubourg du Temple. A chaque fois qu'elle arrivait, tous les yeux se braquaient sur elle, interrogateurs, curieux. Tous la considéraient comme une étrangère. Trop polie, trop maniérée, trop souriante, trop aimable. Elevée dans le respect de ces principes de base, il lui était difficile de réfréner sa spontanéité. Certains paraissaient s'en amuser, d'autres l'abordaient par des "bonjour Mademoiselle, vous venez d'où?". C'était agaçant à la longue.

Le lendemain, elle visita le troisième et dernier appartement de sa liste. Sa dernière chance. Celui-ci était un peu plus éloigné mais grâce aux transports en commun, elle ne mettrait pas plus de dix à quinze minutes pour se rendre en cours. Basé dans les quartiers calmes de Maisons-Alfort, l'appartement comportait deux pièces de taille quasi égale, environ quatorze mètres carrés chacune. La première pouvait faire office de cuisine et séjour, et la seconde ferait une parfaite chambre à coucher. La salle de bains était impeccable et les fenêtres venaient d'être remises à neuf. L'immeuble semblait calme, et surveillé par la doyenne des cinq locataires actuellement présents. Une autre jeune femme se présenta pour la visite, mais sa mine déconfite fit comprendre à l'agent immobilier qu'elle ne donnerait pas suite. Elisa s'empressa de remettre son dossier de location et eut la joie d'apprendre dans la soirée que le propriétaire l'acceptait. Elle pourrait en plus emménager le lendemain puisqu'il était vide. Elle prévint sa mère, les meubles n'arriveraient pas avant fin de semaine. Qu'importe, elle s'achèterait un duvet et se débrouillerait en attendant. Ce serait mieux que l'hôtel Saint-Maur. Electricité et eau courante étaient en marche, elle n'avait rien besoin de plus. Dans quelques semaines elle serait installée, et les cours démarreraient.

Pour son premier jour de cours, elle était à la fois anxieuse et impatiente. Le Directeur des études, adressa un discours de bienvenue aux étudiants, leur expliqua le fonctionnement et les règles de vie, puis les libéra pour midi. Elle déjeuna à la cafétéria en compagnie des autres étudiants. L'après-midi, le programme démarra par un cours de marketing, où elle sympathisa avec deux filles Anna et Li Mei. Anna était originaire de Paris, elle y avait toujours vécu. Quant à Li Mei, elle venait de Shanghai en Chine. Rapidement elles conclurent de s'associer pour les groupes de travail. Se joignirent à elles, deux autres étudiantes, Coraline et Francesca. La première journée démarrait fort, elles ressortirent avec un projet de publicité à mettre sur pied pour la prochaine quinzaine. Après avoir convenu de se voir sur les périodes libres de leur emploi du temps pour travailler, elles se quittèrent jusqu'au lendemain. Elisa rentra chez elle sur un petit nuage. Non seulement , elle étudiait dans l'école de son choix, mais en plus elle s'était déjà fait des amies. D'humeur joyeuse, elle se surprit à penser que sa mère serait ravie de la voir ainsi. Elle finirait par comprendre ses choix. C'était certain. Sur le chemin du retour, elle ne vit pas l'ombre qui se tortillait sur le sol.

Durant les semaines qui suivirent, elle s'épanouit dans sa vie d'étudiante. Elle s'inscrivit à l'une des activités associatives de l'école, consistant à assurer la promotion de l'ESG auprès des futurs bacheliers dans les lycées de France. Elle fut donc amenée à se déplacer régulièrement dans différentes villes. Cette responsabilité la combla. Sa première année passa ainsi à toute vitesse. Sa mère continuait à bouder son choix malgré tout. Elles ne se voyaient ou ne se téléphonaient que très rarement. En revanche, elle n'omettait jamais de rappeler à sa fille que c'était elle qui tenait les cordons de la bourse, et qu'elle avait intérêt à s'en montrer digne. Même à distance, elle arrivait encore à garder le contrôle sur la vie de sa fille. Outre l'attitude de sa mère, Elisa se sentait heureuse. Elle excellait encore et toujours dans ses études, entretenait de bonnes relations avec son groupe de travail. Quoi qu'elle aurait aimé que ces relations dépassent le cadre de l'école. Il s'avérait compliqué de créer un lien d'amitié, qui lui permette de voir du monde le week-end ou pendant son temps libre. Une situation qui pesait parfois à la jeune femme. Isolée de sa famille, sans amis, l'ennui la guettait. Pour y remédier, elle se rendait sur des sites de dialogue en ligne. Certains jours elle tombait sur des types qui n'avait rien d'autre à faire que d'enquiquiner le monde, parfois elle faisait la connaissance de personnes sympas. Mais tout ça restait virtuel. Une présence physique lui ferait du bien. Un peu d'affection. Dans ces moments là, elle réalisait que la liberté était difficile à conquérir. Il lui faudrait s'armer de patience et de courage pour obtenir son indépendance totale. Elle ne désespérait pas d'y arriver tout comme d'obtenir la reconnaissance de celle qui l'avait mise au monde. Dans le fond, elle demeurait une petite fille en mal d'affection. Pour le moment elle comblait ce vide par un quotidien bien calé, en serait-il toujours ainsi?

Chapitre 5 : Vincent

Février 2003

Le fusain filait sous ses doigts, illuminait un sourire, faisait pétiller un œil au regard perdu, la magie opérait comme chaque fois qu'il accordait à son esprit un moment de répit. Assis dans le jardin à la faveur de quelques rayons de soleil son imagination déversait des nuances de gris sur la toile. Vincent se leva, recula de quelques pas et jaugea ce qu'il appelait son chef-d'œuvre. Il n'était pas un artiste loin de là mais il aimait ces moments de solitudes où il pouvait explorer l'immensité infinie de l'imaginaire. Habituellement, il s'installait dans le petit atelier qu'il avait aménagé dans le jardin pour pouvoir s'isoler à son gré mais aujourd'hui la météo étonnamment douce pour un mois de janvier l'avait incité à exercer ses talents dehors. Vêtu d'une parka qui le protégeait de l'air frais, d'un jean usé et d'une paire de baskets, il n'avait pas l'apparence d'un artiste en plein travail. Peu lui importait ce que pensait les voisins ou les quelques curieux qui interrompaient leur balade pour observer cet étrange jeune homme dont les mains semblaient enduites de poussière d'étoile grâce à laquelle il faisait naître en quelques gestes des visages émaciés au regard impénétrable, des bouches sensuelles dont la finesse conférait

au portrait une douceur singulière, ou encore des corps féminins qui exhibaient des formes voluptueuses aux courbes parfaites.
Ce jour là, l'esquisse au teint radieux sous les pigmentations grises reflétait la sérénité. Le visage aux angles arrondis fixait son créateur de ses yeux effilés, ses pommettes vaporeuses rehaussaient son nez court et sa bouche rieuse, une longue cascade de boucles masquaient ses oreilles étroites et encadraient le portrait. Satisfait de son travail et ignorant les chuchotements admiratifs derrière le grillage, il rassembla son matériel qu'il entreposa dans son atelier et claqua le loquet contre la porte dont le bois fatigué protesta d'être ainsi malmené. Il regagna la maison que ses parents avaient bâti trente ans plus tôt avant la naissance de leur troisième enfant. Vincent était le cadet d'un frère et d'une sœur mais aussi l'aîné d'une autre sœur cinq ans plus jeune que lui. Très proche de sa famille il était le dernier de la fratrie à n'avoir pas encore pris son envol, il vivait donc là avec son père et une belle-mère envahissante qui avait jeté son dévolu sur les lieux après le décès de leur mère dix ans plus tôt. Ils n'étaient pas mariés mais elle se pavanait dans toutes les pièces et y recevait ses propres enfants comme si elle y avait toujours vécu. La cohabitation n'était pas toujours des plus évidentes, cette pseudo belle-mère très inquisitrice s'était vite révélée aussi curieuse qu'une fouine toujours à l'affût

du moindre évènement croustillant. Si celui-ci sortait avec ses amis, elle s'empressait d'aller raconter à son père que son fils fréquentait des gens peu recommandables et qu'il ferait bien de le surveiller davantage. Ce dernier ronchonnait et la renvoyait dans ses quartiers aussi vite, préférant la compagnie d'une bonne bouteille de vin et estimant qu'a vingt-huit ans son fils au caractère bien trempé n'avait pas besoin d'être materné.
A peine avait-il franchi le seuil de la porte que les remarques fusèrent :
- Tu as vu tous ces gens qui se bousculaient pour te regarder dessiner, c'est pas très poli de leur part de regarder ce qui se passe dans les jardins. Tu pourrais aller dans l'atelier pour faire tes gribouillis.
Vincent la toisa et lui adressa un sourire ironique avant de lui répondre.
- Ils font la même chose que toi sauf qu'eux ne se cachent pas derrière les rideaux.
- Oh Vincent, tu fit-elle mine de s'offusquer. J'en parlerai à ton père.
- Tant mieux, ça t'occupera.
Il la laissa seule dans la cuisine à marmonner et pester contre son beau fils. Il avait mieux à faire que de subir les réflexions de cette vieille rombière qu'il ne tolérait que parce que son père avait besoin d'une présence pour ne pas sombrer. Il se consumait à petit feu depuis le décès de son épouse et savait que tôt ou tard son fils quitterait aussi la maison. Même si

pour le moment celui-ci semblait se contenter d'histoires n'excédant pas quelques semaines avec la même fille. Quelque secondes après un rugissement envahit le paisible quartier de campagne et une BMW 118d de 1997 traversa en trombe l'étroite carrière qui bordait le jardin.
Vincent venait de partir, effaçant toute trace de son passage sous un nuage de poussière. Il se rendait dans le centre-ville où il espérait s'équiper d'une technologie nouvelle pour lui qui ne s'intéressait jamais à autre chose que les voitures, son travail et ses toiles au fusain. L'un de ses amis l'avait convaincu qu'un ordinateur portable lui ouvrirait de nouvelles perspectives pour faire de belles affaires via internet à prix dérisoire. Ici, les gens vivaient majoritairement grâce aux filons et à l'entraide. Des pièces de voiture s'échangeaient contre quelques mètres de grillage de clôture ou alors on entassait des carcasses achetées à des prix dérisoires pour les revendre en pièces détachées. Un coup de main rendu se monnayait par l'octroi d'un cochon ou d'outillage de jardin qu'on utilisait plus. Il avait grandi dans cet univers de troc et de services échangés et avait su s'y faire une belle place grâce à son tempérament affirmé et mettait un point d'honneur à tenir ses engagements. Il s'était ainsi attiré la confiance de bon nombre de personnes en quête de bons plans, avait tissé des liens avec des individus parfois

peu recommandables mais savait rester à bonne distance des ennuis, rien de sortait de la légalité. Très fier chaque fois qu'il dénichait une nouvelle source de revenus indirects, il en faisait profiter sa famille et ses amis les plus proches. C'est ainsi qu'avait germé l'idée d'étendre son commerce à une zone géographique plus dense.
Arrivé dans le centre, il se stationna dans la rue principale, jeta son mégot de cigarettes au dessus du tas qui jonchaient le sol du côté passager et s'engagea à pied jusqu'au magasin d'informatique. Il n'y connaissait rien du tout mais il entra avec la ferme intention de ne rien laisser paraître au vendeur, il n'était pas du genre à se laisser embobiner facilement par le premier vendeur venu. A l'ouverture de la porte, le carillon suspendu tinta et le vendeur-gérant du magasin apparut comme par enchantement derrière un mont de cartons contenant des écrans d'ordinateur à en juger par les inscriptions.
- Bonjour, lança t-il d'une voix enjouée. Est-ce que je peux vous aider?
- Oui, je viens pour acheter un ordinateur portable. Quelque chose de fiable et de costaud.
- D'accord, vous avez déjà une petite idée de ce que vous aimeriez? C'est pour quelle type d'utilisation : plutôt jeux ou bureautique?
- Les deux.

- Ok dans ce cas je pense qu'un modèle de ce genre devrait vous convenir. Le vendeur désigna un ordinateur portable sur lequel s'affichait le logo de Hewlett Packard. L'écran est de 17 pouces, mémoire RAM 1Go, capacité de stockage 100Go, équipé de Windows 2003, processeur Intel Pentium.
Vincent observa l'ordinateur, jetant furtivement un œil aux autres modèles. Ils se ressemblaient tous, pas facile de s'y retrouver, son seul point de repère était la marque et le système d'exploitation dont la version était la plus récente.
- Il a des ports USB?
- Tout à fait, deux à l'arrière et un sur le côté, vous avez également un prise HDMI et une prise pour l'imprimante.
- Est-il équipé du système wifi ?
- Bien sûr.
- Impeccable. Et en terme de prix?
- 1800€ TTC.
- Je le prends, auriez-vous aussi une souris pour brancher dessus, je ne suis pas trop à l'aise avec la souris tactile.
Le vendeur décrocha du présentoir une petite souris Logitech.
- Ce modèle vous convient?
- Oui. Dernière petite question, vous me faîtes cadeau d'une sacoche pour l'ordinateur.
Devant l'hésitation du vendeur, Vincent sortit une liasse de billets de sa poche. Il n'utilisait jamais de carte bancaire ni de chéquier.

- Je vous paie cash l'ordinateur de suite.

La vue des billets et la perspective d'un paiement immédiat et intégral suffirent à convaincre le vendeur. Il offrit à son nouveau client une belle sacoche noire pour transporter l'ordinateur. Sitôt acheté, il s'empressa de rentrer et de procéder à l'installation de l'ordinateur. C'était nouveau pour lui mais habitué dans son métier à manier des programmations informatiques sur de grosses machines à commande numérique, il sut rapidement s'adapter aux fonctionnalités de base. Après deux heures passées à explorer toutes les possibilités qu'offraient l'acquisition d'un tel outil, il prit contact avec un fournisseur d'accès internet, dont le télé conseiller fut ravi de ne pas avoir à débiter son discours tout prêt pour obtenir les faveurs d'un nouveau client, celui-ci étant déjà décidé à signer chez eux. En quelques minutes, la commande était faite, l'activation prendrait un jour ou deux. Vincent semblait satisfait lorsqu'il raccrocha, il songeait déjà à toutes les opportunités de bonnes affaires qu'il pourrait réaliser sur la toile, trouver des pièces de voitures ou les revendre serait un jeu d'enfant et il pourrait aussi exploiter d'autres filons tels que les téléphones portables, l'outillage. Il était convaincu de la rentabilité de son achat et à cet instant il était loin d'imaginer que ce simple achat allait bouleverser sa vie. Sans le savoir il venait d'ouvrir la porte sur un avenir insoupçonné, il ne croyait pas au destin

Chapitre 6 : Nouveau départ

Février 2003

Cela faisait maintenant dix-huit mois qu'Elisa avait troqué les campagnes paisibles et les vastes forêts normandes de son enfance contre le fameux "métro, boulot, dodo" parisien. Un mode de vie bien différent de celui dans lequel elle avait été bercée jusqu'à l'âge de quatorze ans avant de découvrir progressivement l'univers citadin lorsque ses parents avaient décidé par commodité de se rapprocher de la ville, et qui aujourd'hui la projetait brutalement dans l'incertitude et les méandres de la vie d'adulte.

Après un été littéralement étouffant sous le climat pollué de Paris, Elisa avait démarré ses premiers cours à l'ESG en septembre 2001. Ses espérances avaient rapidement trouvé un écho au sein d'un corps enseignant hautement qualifié, composé de directeurs marketing, financiers, de contrôleurs de gestion ou d'experts comptables issus des cabinets les plus réputés . Face à cette armada d'intervenants expérimentés et bourrés de diplômes, la population étudiante très éclectique n'avait pas à rougir. Chaque matin dans les salles de cours et les amphithéâtres c'était un véritable déluge d'individus de toutes classes sociales, d'ethnies et de nationalités différentes qui se rassemblait, avide de connaissance. La jeune étudiante aimait ce mélange culturel qui fourmillait au sein de l'école. Comme il était enrichissant de partager, d'échanger sur des modes de vie parfois tellement opposés au modèle français. Chez certains, le célèbre croissant au beurre accompagné de café était détrôné par un plat de nouilles chinoises ou par une bonne assiette de haricots à la tomate pour le petit déjeuner. Ici il n'était pas rare que l'espagnol rencontre le mandarin, ou encore que le russe fricote avec l'italien. Elle s'était rapidement sentie à l'aise et brillait une nouvelle fois par sa réussite dans toutes les matières. Elle avait été très étonnée par l'emploi du temps considérablement allégé en comparaison de ce qu'avaient été les deux années de classe préparatoire. En contre partie, les intervenants requéraient de la part des étudiants un investissement personnel important, cela avait permis à la jeune femme de nouer immédiatement des liens avec d'autres filles de première année. Un bon esprit d'équipe s'était instauré naturellement au sein du groupe et elles se réunissaient chaque semaine pour avancer tantôt un argumentaire commercial tantôt la création d'une maquette publicitaire, qu'elles devraient ensuite présenter devant l'ensemble des étudiants de première année.

En fin de première année, elle valida haut la main ses partiels indispensables à la poursuite de son cursus d'une durée totale de trois ans. Elle fut ensuite séparée de ses amies en seconde année car il leur fallut sélectionner une spécialisation. Ses amies s'étaient orientées vers le marketing et la finance. Elle fut la seule à choisir l'expertise comptable, elle avait excellé dans ce domaine en première année et avait désormais l'ambition d'intégrer un cabinet d'audit comptable, ce qui aurait ravi sa mère si cette dernière avait pu pardonner à sa fille de n'avoir pas suivi le parcours tracé par ses soins. Depuis son départ, la distance avait élargi le fossé entre les deux femmes, sa mère refusait catégoriquement d'entendre parler de tout ce qui pouvait toucher de près ou de loin à cette école de bas étage comme elle continuait de la qualifier. L'école organisait pour les étudiants en deuxième année une soirée d'accueil destinée aux proches des étudiants, Elisa comptait profiter de cette occasion pour convaincre sa mère de venir constater par elle-même que l'école jouissait d'une excellente réputation et que son choix ne résultait pas d'un caprice. Cette soirée devait avoir lieu en mars prochain. Pour être certaine que sa mère ne lui oppose pas son indisponibilité comme argument, la jeune femme aborda la question par téléphone un soir de janvier. La conversation débuta par les convenances habituelles:

- Bonsoir Maman,
- Bonsoir.
- Comment ça va?

- Bien, mais c'est à toi qu'il faut demander cela.
- Tout va bien.
- C'est tout ce que tu as à dire?
Le ton de sa mère était sarcastique. Chaque fois qu'elles se téléphonaient leur conversation était brève et il était difficile de meubler les blancs.
- Je n'ai rien de spécial à raconter voilà tout se justifia Elisa.
- Et c'est pour ça que tu m'appelles!
- Ah si! feignit de se souvenir la jeune femme, je voulais voir avec toi...
Sa mère l'interrompit.
- Vas-y je t'écoute.
Le ton sec n'était guère engageant mais elle se jeta à l'eau :
- L'ESG organise une soirée dédiée aux parents et étudiants prochainement. J'aurais aimé que tu sois présente, c'est au mois de mars, le but est de faire découvrir l'école, la formation, le cadre. Humm. Elle retint son souffle et attendit la réponse, elle avait débité tout son discours d'une traite de peur que sa mère ne lui raccrochât au nez.
- Que veux-tu que je fasses là bas?
- Ce serait l'occasion de voir où j'étudie, ça me ferait vraiment plaisir que tu y assistes. Et puis tu verrais par toi-même que c'est une bonne école, ajouta t-elle timidement.
- Très bien, je consulterai mon agenda et on en reparlera.

- Génial. Il y aura le directeur et plusieurs grands chefs d'entreprise qui dispensent les cours.
- Ne t'emballes pas, je n'ai pas encore dit oui.
- A la prochaine alors?
- Oui c'est cela, bonne soirée.
- Au revoir, bonne soirée.

Elle raccrocha et sourit. Elle connaissait suffisamment sa mère pour savoir qu'elle avait piqué sa curiosité en évoquant la présence de hauts dirigeants. Sa mère serait parfaitement à sa place au milieu de ces individus perfectionnistes, cela valoriserait l'image de l'école à ses yeux et celle de sa fille par la même occasion. Cette soirée était d'une importance capitale pour l'étudiante toujours en quête de la reconnaissance et de la fierté maternelle. Et dans quelques mois lorsqu'elle obtiendrait son diplôme et figurerait parmi les majors de promotion, la réussite serait totale, sa mère approuverait. Elle soupira, vérifia l'heure: 20h15. La soirée n'étant pas trop avancée elle pourrait encore réviser un peu pour la journée de demain. Elle réchauffa une part de saumon grillé à l'aneth accompagné de riz et d'une sauce aux fines herbes pour son dîner puis entreprit la relecture d'un cours de fiscalité.

Elle mettait un point d'honneur à relire chaque soir ses notes avant les cours du lendemain. Les deux ans de cursus préparatoire l'avaient entraînée à ce mode de fonctionnement et elle ne concevait pas les choses autrement. Après s'être assurée qu'elle maîtrisait les calculs de quotients, de barèmes et autres plafonds fiscaux elle passa en revue le cours de relations internationales de Frédéric Encel, brillant orateur qui adorait partager avec ses étudiants son expérience du terrain. Il se rendait régulièrement à Bagdad ou à Jérusalem pour suivre l'actualité en temps réel et comprendre les mécanismes politiques et économiques du pays. Sa passion pour le sujet transpirait dans ses propos, il avait même publié plusieurs livres. [1] Vers vingt-trois heures, ses paupières s'alourdirent et son attention déclina, elle jugea qu'il était alors temps de se mettre au lit. Elle fila dans la salle de bains, se démaquilla en quelques gestes, enfila une chemise de nuit affublée d'une sérigraphie représentant une lune qui souriait aux étoiles. On pouvait lire juste au dessous "Belle et douce nuit".

Elle se fourra sous la couette en appréciant la douceur de la flanelle, le vieux convecteur électrique émit un cliquètement et elle éteignit la lumière. Ce soir là, le sommeil ne fut pas de la partie, son esprit vogua, elle se retourna plusieurs fois et sans s'en apercevoir

---

[1] Entre autres "Géopolitique de Jérusalem", "Le Moyen-Orient en guerre et paix" ," *L'Art de la guerre par l'exemple"," Géopolitique de l'Apocalypse, La démocratie à l'épreuve de l'islamisme".*

vraiment elle fit mentalement le point sur sa situation.
Demain, cours de fiscalité et relations internationales puis je rejoins Anna et Li Mei[2] *pour avancer sur le projet associatif.* Elle s'efforça de ne plus penser mais son esprit têtu était bien décidé à ne pas la laisser dormir. Les discussions incessantes sur son avenir, le décès de son père, son désir de liberté, son besoin d'affection, tout se chevauchait dans sa tête. Au bout d'une heure, lassée de cet incessant flux de pensées elle ralluma la lumière et s'empara de son journal intime dans le tiroir de sa table de chevet. Si elle voulait s'endormir elle devait d'abord poser sur le papier tout ce qui la tracassait. Sans vraiment savoir ce qu'elle voulait y écrire elle l'ouvrit et les mots déroulèrent un tapis d'encre sous la pointe du stylo.

"Cher journal, nous sommes le lundi 6 janvier 2003. Je ne parviens pas à trouver le sommeil, je ne sais pas pour quelle raison. Ce soir j'ai appelé ma mère, je lui ai demandé de participer à la soirée organisée par l'école en mars prochain. Elle n'a pas répondu de manière certaine mais je suis confiante je suis sûre qu'elle sera là. J'étais contente lorsque j'ai raccroché, mais en vérité je sens une boule d'angoisse qui me noue l'estomac. Que

---

[2] Prénom chinois signifiant belle et légère

penseras t-elle de l'école? Des cours? Cela suffira t-il à la convaincre? J'aimerais tellement qu'elle me comprenne...Je n'en peux plus de toutes ces années passées à me justifier, à chercher son affection, toujours vouloir son approbation. Je m'interroge, c'est ça la relation mère-enfant? L'une qui domine, l'autre qui se soumet? Parfois je rêve qu'on s'assied autour d'une table, je lui dis alors ce que j'ai sur le cœur et elle me console. Je poursuis une chimère j'en suis consciente mais si je m'arrête de courir, que se passera t-il?. "

En même temps qu'elle écrivait, des larmes coulaient le long de ses joues. Les mêmes larmes que celles versées depuis son enfance chaque soir où sa mère refusait de lui accorder quelques minutes d'attention. Les mêmes encore qui coulaient chaque fois que sa mère s'imposait en victime à la fin d'une dispute. Combien de temps encore verserait-elle des larmes pour une cause qu'elle savait perdue depuis bien longtemps? D'un revers de la main elle chassa les gouttelettes dont le passage laissait l'empreinte de minuscules sillons quasi invisibles sur sa peau et elle poursuivit.

"Ma mère est incapable de prodiguer la moindre affection envers moi sa propre fille. Elle me répète sans cesse qu'elle est toujours présente pour moi, mais ce n'est pas ce

type de présence dont j'ai besoin. Si seulement papa était encore là, lui non plus n'était pas très expansif mais il savait me faire comprendre qu'il m'aimait. Il me manque terriblement. Je t'aime papa. J'aime aussi maman bien sûr malgré notre relation compliquée, elle reste celle qui m'a portée pendant neuf mois, celle qui m'a aidé à devenir la personne que je suis. Je devrais probablement être fière moi aussi car elle n'a pas trop mal réussi dans ce domaine après tout. J'ai toujours eu de bons résultats, obtenus tous mes diplômes et aujourd'hui je continue mon ascension au sein d'une grande école parisienne. J'ai tout ce qu'il faut pour être heureuse alors pourquoi j'ai constamment le sentiment qu'il y a un vide à l'intérieur de moi? Je ne parviens pas à l'expliquer. Vu l'heure tardive ce n'est pas ce soir que je trouverai la réponse à cette question, pour la seconde fois je vais me coucher. Bonne nuit. "

Elle referma le petit carnet rayé avec la sensation d'être un peu plus apaisée mais le vide qu'elle évoquait dans ses réflexions résonnait comme un tambour. Elle l'ignora et s'installa sous sa couette, quelques minutes plus tard le sommeil tant espéré la plongea au cœur d'un cauchemar dans lequel elle se voyait courir le long d'une petite route de campagne. Le paysage autour était totalement désert, il n'y avait âme qui vive. Au bout du chemin elle entendait qu'on l'appelait, alors elle se mettait à courir mais au fur et à mesure qu'elle avançait le chemin s'allongeait, d'immenses arbres aux troncs démesurés se cabraient formant une étreinte menaçante, la voix s'évanouissait dans le lointain. Elle était terrorisée, le sol se dérobait, la végétation l'enserrait dans un bruissement effrayant, alors à bout de souffle elle s'arrêtait et se retournait. Derrière, le néant fonçait sur elle dans un grondement sinistre tel un troupeau de chevaux au galop, il s'apprêtait à l'engloutir. Son souffle rauque crachait une brume spectrale qui effaçait un peu plus le paysage à chaque bouffée, puis le monstre abyssal se ruait sur elle en une gigantesque déferlante. Paralysée par l'angoisse elle aurait voulu fuir mais son âme était subjuguée par ce ballet aquatique et la mélodie ténébreuse et sensuelle des vagues lui intimait de se laisser emporter par le courant. L'embrun déposait de fines couches d'eau sur son visage, et malgré l'attraction puissante du chant des abysses Elisa se réveilla, le visage ruisselant de larmes. Elle s'empressa d'allumer la lumière.

- Quel cauchemar! songea t-elle à haute voix. Elle en était encore toute retournée, il lui arrivait fréquemment d'être perturbée par des rêves dans lesquels elle tentait de fuir un danger invisible et plus elle courait plus le but lui semblait impossible à atteindre. Mais cette fois le rêve avait pris une tournure différente. *Faut-il y voir un présage? J'espère que non, car ce ne serait pas de bonne augure.* Elle essaya vainement de se rassurer, attribuant la présence des vagues qui la submergeaient dans son cauchemar à l'aquaphobie qui la tiraillait depuis l'enfance. Elle ne savait pas nager et paniquait à la piscine dés que le bord devenait hors de portée. Son rêve tourmenté était certainement lié à cela, *le subconscient reste un grand mystère pour moi* pensa t-elle avant de basculer à nouveau dans les bras de Morphée[3].

Après une nuit agitée, elle émergea difficilement de son sommeil allant jusqu'à repousser l'heure du lever de dix minutes ce qui était contraire à ses habitudes. Elle se leva vers 6h15 et pendant que le café passait elle se prépara en vitesse, elle ne devait pas manquer son RER sinon elle serait en retard en cours. L'éducation stricte de sa mère lui avait au moins appris à être organisée, aussi le matin tout s'enchaînait : se lever, prendre le petit déjeuner puis se doucher, se coiffer, se maquiller. Enfin, dernière étape le manteau et

[3] Divinité prophétique de la mythologie grecque à qui on attribuait le pouvoir de donner le sommeil et des rêves. Cette croyance mythologique a donné naissance à l'expression " tomber dans les bras de Morphée" signifiant s'endormir.

les chaussures avant de se faufiler à l'extérieur le sac dans une main les clés dans l'autre. Elle ne partait jamais sans tâter sa poche droite pour vérifier qu'elle avait bien sa carte orange, sésame indispensable pour circuler via les transports en communs dans Paris, puis elle verrouillait la porte. Une fois au dehors elle se dépêchait d'arriver à la gare RER, de là elle grimpait dans le train qui faisait escale à la gare de Lyon où elle attrapait la correspondance avec le métro jusqu'au cœur de Paris. Elle terminait son périple matinal à pied de la station Oberkampf jusqu'à l'école. En fin de journée, elle retraçait le chemin en sens inverse, ses journées étaient toutes programmées sur la base de cette organisation bien rôdée. Sans le vouloir elle avait adopté le modèle parisien : se lever, aller travailler, rentrer chez soi et recommencer le lendemain. Finalement ce n'était pas si différent du rythme de vie calculé à la minute près que sa mère lui avait infligé pendant vingt ans. Happée par ce mode de vie sans répit elle n'avait pas vu ces dix-huit mois passer. A cet instant précis, ses tourments de la veille et les réflexions qu'elle avait couchées sur le papier étaient bien loin de ses préoccupations. Elle n'imaginait pas sa vie autrement et le concept de la liberté à laquelle elle aspirait depuis son départ pour la capitale française s'éclipsait derrière un voile impénétrable.

Chapitre 7 : Soumission

Vendredi 7 février 2003

La météo était exceptionnellement douce pour un mois de février. Les prévisionnistes annonçaient même une canicule pour l'été. Le soleil invitait à la balade. Après plusieurs semaines d'études intensives, Elisa estima qu'elle avait bien le droit de sortir s'aérer un peu. Aussi, vers quatorze heures, elle décida d'aller flâner au milieu des touristes. Elle n'avait pas cours cet après-midi. Elle en profiterait pour faire un peu de shopping. Elle n'en faisait que rarement. Sa mère lui fournissait un budget juste suffisant pou couvrir les dépenses du quotidien. Une façon bien à elle de maintenir son influence sur sa fille. Malgré cela, la jeune femme avait su économiser environ deux cents euros depuis son arrivée ici. Elle comptait donc renouveler sa garde-robe, la moderniser par des vêtements moins stricts, plus colorés. Elle aurait aimé pouvoir associer une ou deux amies à son périple. Mais les quelques étudiantes avec lesquelles elle s'entendait le mieux, étaient toutes originaires de Paris ou de sa banlieue. Depuis leur enfance, elles avaient leur propre cercle d'amis. Une fois passée la porte de l'école, Elisa redevenait une inconnue. Une petite provinciale, jetée en pâture aux fauves des faubourgs parisiens. En revanche, lorsque toutes ensemble, elles unissaient leurs efforts pour un projet de cours, la solidarité était de mise. Un véritable travail d'équipe qui comblait le vide qu'elle ressentait.

Habituée à tout organiser, selon le schéma maternel, elle planifia son après-midi. Attribuant deux heures pour le trajet et le shopping dans Châtelet-les-Halles, elle conserva un créneau en fin de journée pour une petite virée au pied de la Tour Eiffel. L'attrape-touristes français par excellence. Elle n'y avait encore jamais mis les pieds. La vue depuis le second étage était réputée pour son panorama sur la capitale. Elle enfila une paire de chaussures confortables. Une nécessité avérée lorsque l'on parcourait les interminables sous-sols parisiens. A quatorze heures trente, le RER la déposa à Châtelet-Les-Halles. Le forum des Halles s'ouvrait sur des centaines de boutiques, bijouteries, prêt-à-porter, chaussures, cosmétiques, parfumerie etc. Chaque jour, et davantage le week-end, des cohortes d'acheteurs potentiels se pressaient ici. Les vitrines rivalisaient d'offres plus alléchantes les unes que les autres, pour inciter à l'achat. Ne sachant trop par où commencer, elle erra un moment, s'arrêtant de temps à autre pour en admirer certaines. Alors qu'elle se baladait, une musique aux tonalités chaudes et suaves, rappelant l'Amérique du Sud attira son attention. Elle s'orienta au son des bongos[4] et des maracas. Là au milieu du forum des Halles, un groupe d'hommes au teint basané et à la peau tannée, vêtus de ponchos bariolés, jouaient des rythmes endiablés. A terre, un chapeau mexicain servait de réceptacle aux pièces de monnaie jetées par les passants. Elle resta un moment à les écouter, enchantée par les résonnements du bongo et le tintement des cencerros[5]. Elle croisa le regard joyeux de l'un des instrumentistes. Involontairement son regard se porta sur le chapeau mexicain au sol. Il s'attendait certainement à ce qu'elle dépose une pièce, voire un billet. Captivée par la musique latino, elle jugea qu'ils méritaient qu'on les écoute, elle déposa deux euros dans le chapeau. Elle fut gratifiée d'un *gracias señorita*. Puis elle poursuivit son chemin, le cœur léger. Elle se sentait bien, libre. Elle pouvait enfin aller et venir comme bon lui semblait. Pas de chaperon pour lui interdire le geste qu'elle venait d'avoir envers ces musiciens. L'espace d'une chanson, elle avait voyagé par delà les plaines de l'Amérique du Sud, elle s'était laissé transportée sur un fleuve reculé de l'Amazonie, coulant silencieusement au cœur des forêts sauvages. Le symbole même de la liberté. Sa rêverie fut

---

[4] Instrument cubain composé de deux petits tambours de tailles différentes

[5] cloche à bétail que l'on frappe avec une baguette

brutalement interrompue par un groupe d'individus peu engageants. A moins d'un mètre, deux types d'origine maghrébine, se disputaient. L'un deux tenait un téléphone portable dernier cri, l'autre semblait vouloir le lui reprendre. Le premier portait une grosse doudoune noire, trop chaude pour la saison, sur un jean si large qu'on aurait pu rentrer à trois dedans. Une longue chaîne argentée aux mailles déformées pendait le long de sa jambe. Quant au second, il arborait un look assez similaire, à la seule différence qu'il portait une casquette noire et une veste en jean, ornée d'une tête de mort ensanglantée. Charmant tableau. Doudoune noire contre Tête de Mort, on aurait dit deux catcheurs sur un ring. A ceci près que la rixe n'avait rien d'amical. Entourés par une bande d'autres types, habillés à peu près pareil, on aurait dit des clones, ils se fixaient méchamment du regard. Tête de mort, avait le regard haineux, un sourire édenté et pervers lui barrait le visage. Visiblement l'autre avait dû bien l'énerver. Elisa voulut reculer pour éviter la bagarre imminente, mais elle se trouva acculée par l'arrivée massive de curieux. En quelques secondes, un cercle se forma autour de Doudoune et Tête de Mort. La foule scandait *"Battez-vous! Du sang! On veut du sang!"*. Tout ça était inimaginable. Paralysée par la peur et coincée dans un coin, Elisa n'eut d'autre choix que d'assister à la scène.

Tout se déroula très vite. Un couteau à cran d'arrêt se matérialisa comme par magie dans la main de Tête de Mort. Il se jeta sur l'autre, surpris par l'assaut, lui planta rageusement le couteau dans l'estomac. La foule hurlait de plus belle, applaudissait même. Choquée, Elisa n'en revenait pas. Personne n'avait levé le petit doigt. Doudoune gisait à terre. Son sang se répandait sur le sol. Telle une meute de loups solidaires, la foule se dispersa. Avant de partir, Tête de Mort, lui arracha le téléphone qu'il tenait toujours dans la main. En se redressant, il aperçut la jeune femme et lui adressa un clin d'œil avant de s'enfuir en direction de la sortie. Doudoune gémissait, se tordait de douleur. La plaie faisait gicler sa vie tout autour de lui. *Tout cela n'est pas vrai. Je n'ai rien vu. Les hommes ne peuvent être capables de tant de cruauté.* Paniquée, secouée, terrorisée, l'étudiante finit par comprendre qu'elle ne pouvait rester là. Doudoune implora son aide du regard. Elle reprit ses esprits, bomba le torse et sans un regard pour le jeune maghrébin, elle tourna les talons. Ce qui devait être une sortie agréable venait de virer au cauchemar. S'efforçant de ne pas montrer son état d'angoisse, elle s'éloigna le plus vite possible du lieu du drame. Rires, conversations, bonne humeur. Comme si rien ne s'était produit, chacun continuait son petit train-train au cœur des boutiques. Le cœur battant, elle quitta le forum des

Halles sans se retourner. Lorsqu'elle fut remontée à l'air libre, elle s'assit un instant pour reprendre son souffle. *Personne ne s'est interposé. On vient d'abandonner un être humain qu'on aurait pu sauver. Même moi, je n'ai pas bougée. J'en étais incapable, trop préoccupée par mon propre sort.* Elle revit Tête de Mort lui faisant un clin d'œil, comme si elle était complice de son acte. *Mais je suis complice! Je n'ai rien fait pour ce type, pas plus que tous ces crétins présents autour.* Il fallait qu'elle évacue tout ça, qu'elle pense à autre chose. Elle décida de faire comme tous ces gens dans la galerie commerciale, ignorer ce qu'elle venait de voir, continuer à vivre comme si de rien était. Elle retourna dans les boutiques, acheta sans essayer, deux jeans moulants, un chemisier en soie rose pâle, et un pull léger au col évasé sur les épaules. Là, elle avait enfin fait ce pour quoi elle était venue. L'étape suivante de son programme était la visite de la Tour Eiffel.

Il lui fallut patienter près de trois-quarts d'heures pour pouvoir enfin grimper dans l'ascenseur de la Tour Eiffel. L'affluence de touristes au pied de la Dame de Fer était impressionnant. Tout autant que l'escalade à bord de la cabine vitrée. Mieux valait ne pas regarder vers le bas. Une fois en haut, elle se balada, respira l'air à pleins poumons. Malgré l'horreur de la scène de Châtelet-les-Halles, elle parvint à profiter de ce moment. Elle se hasarda à observer la vue, au dessous le Champ de Mars offrait un panorama splendide. De minuscules points noirs s'agglutinaient au sol, attendant leur tour pour venir se repaître du spectacle incroyable de la Tour Eiffel. Absorbée par la vue, comblée par un sentiment de liberté, elle oublia la réalité pendant tout le temps de la visite. La scène cauchemardesque de l'après-midi s'estompa dans son esprit. *Comment pouvait-on oublier si facilement?* Le jour commençait à tomber lorsqu'elle songea qu'elle devrait rentrer. A vingt heures, le soir, les rues restaient encore peuplées, de même que les stations de métro. A la nuit tombante, des individus auxquels on ne prêtait que peu d'attention, sortaient, s'avachissaient sur les sièges des stations de métro. Certains se postaient au sommet des escaliers, accrochant le regard des voyageurs, cherchant à leur soutirer quelconque compassion. Mais c'était avant tout de l'argent qu'ils réclamaient. Elisa s'aventurait trop rarement dans le métro en dehors des horaires du matin et du soir pour se rendre en compte. Elle n'avait jamais vraiment remarqué leur présence. Du moins, elle s'était conformée à l'attitude des autochtones, pliée aux règles de la vie à Paris, fondue dans le décor. Pourtant ce jour là, elle fut effrayée de constater leur nombre. Les sans domicile fixe vivaient dans l'ombre le jour, trop souvent honteux de n'avoir pas eu la capacité à survivre dans la

société. Pour certains, la situation durait depuis si longtemps que c'en était presque un choix. Elisa se demanda comme ils réussissaient à survivre chaque jour à la privation de nourriture, l'absence d'hygiène, sans toit pour s'abriter, sans la chaleur d'une âme à qui se confier. Ces hommes et ces femmes étaient terriblement seuls. Pourtant une chose les caractérisaient. Ils n'avaient de compte à rendre à personne. Etait-ce là le prix à payer pour être libre? Elle en doutait. En tout cas elle ne s'abaisserait pas à cela pour obtenir son indépendance. Elle avait beau être seule, son cas n'était pas désespéré.
Elle rentra chez elle avec un sentiment de culpabilité lointaine. La journée avait été particulièrement éprouvante. Elle repensa à l'horrible scène de Châtelet-les-Halles. Sa propre réaction l'avait étonnée. Et si c'était elle que l'on avait agressée ainsi? Personne ne serait venue l'aider non plus. Le monde n'était pas rose. En tout cas celui-ci. Son monde à elle, était encore empreint de visions enfantines. Tout comme elle l'avait fait plusieurs années auparavant, elle avait sous estimé la réalité. Une nouvelle fois, elle avait pensé que les drames ne se produisaient que dans les films, mais pas dans la vraie vie. Elle qui aspirait à sortir de sa chrysalide, commençait presque à craindre le monde extérieur. Finalement qu'espérait-elle en venant à Paris?

Elle se remémora son arrivée dans la Capitale. La manière dont on l'avait jaugée, le jugement du couple de mendiant du onzième arrondissement, *sale petite bourgeoise!*. Son impression de venir d'une autre planète, d'être une étrangère sur son propre territoire. Aujourd'hui c'était elle qui se comportait ainsi. Elle dédaignait la misère, négligeait la violence, méconnaissait les visages qu'elle croisait chaque jour. Chaque matin, elle se joignait à l'armée de petits soldats qui arpentait le labyrinthe parisien. Tous se croisaient sans se voir, se dissimulaient derrière un masque de froideur apparente. Endoctrinés par la répétition perpétuelle du quotidien, chaque geste était imprimé dans leurs esprits. Au fil du temps, imbibés par le mimétisme, ces inconnus perdaient leur faculté de penser, celle d'être un humain. Ils revenaient peu à peu à l'état sauvage, s'agressant pour des motifs futiles, se crachant à la figure, n'ayant plus d'autre langage que celui du corps. Violence ou ignorance. Marche ou crève. C'était le double visage de la capitale française. Amère conclusion pour une jeune étudiante provinciale. Après dix-huit mois parmi les zombies du labyrinthe, la contamination s'était répandue en elle. Lentement elle comprenait à cet instant, qu'elle était en train de se perdre, que la route qu'elle empruntait ne la mènerait probablement pas à la liberté tant désirée. Pire, elle s'était échappée du donjon maternel pour s'enfermer dans une nouvelle geôle. Sa conscience convulsait face à ce désastre. La liberté, résidait certes dans la rupture avec sa mère, mais surtout elle signifiait, profiter de la vie. Jouir des plaisirs les plus simples tant qu'elle le pouvait. Elle était jeune, tôt ou tard, il lui incomberait d'assumer des responsabilités en tant que femme, voire de mère. Hors de question de sacrifier sa jeunesse plus longtemps.

Le lendemain matin, armée de bonnes résolutions et d'une détermination sans précédent, elle repartit à l'assaut des boutiques de Châtelet-les-Halles. Ne réfléchissant pas, elle se constitua une nouvelle garde-robe, une nouvelle personnalité. Elle dépensa toutes ses économies et entama son budget courses du mois. De retour chez elle, elle déballa ses achats et entama un défilé de mode pour elle-même. Robe lie de vin cintrée par une ceinture, manches en tulles terriblement sexy. Top noir, décolleté sauvage et manches à lacets. Jupe en jean et collants opaques. T-shirts imprimés animal. Blouse transparente. Bottes vernies à talons hauts. La nouvelle Elisa serait un félin sauvage, une panthère indomptable dans la jungle parisienne. Le soir même elle étrenna ses nouvelles tenues lors d'une sortie en boîte de nuit. Cela lui rappela la soirée avec ses amis, et Johan le barman. Toujours aussi décidée à sortir du cadre de la raison, elle se montra aguicheuse, dévoila une sensualité insoupçonnée. Elle attira sur elle l'envie des hommes et la jalousie des femmes. Assoiffée de liberté, elle fit exploser les chaînes qui la retenaient, allant jusqu'à s'enivrer. Les premiers métros de la journée n'arrivaient pas avant 5H30 ou 6h00. Elle passa donc la nuit à glousser autour de blagues stupides de types aussi alcoolisés qu'elle, dansa jusqu'à perdre haleine, s'égosilla à plein poumons. Au petit matin, lorsqu'elle rentra, elle était méconnaissable. Son mascara avait coulé, ses cheveux hirsutes lui donnait un air de sorcière, elle avait du rouge à lèvre plein les habits et des numéros de téléphone inscrits sur le bras. Complètement abrutie par l'alcool et la musique, elle s'effondra sur le lit où elle s'endormit. Elle s'éveilla à quinze heures avec une migraine épouvantable et très peu de souvenirs de la veille. Bizarrement, elle n'éprouvait aucun remords.

Abandonner son corps de gamine, oublier le monde au fond d'un verre de whisky, se délecter de l'ivresse d'une danse, s'abrutir sur des rythmes assourdissants. Rapidement elle y prit goût. Elle répéta l'expérience chaque vendredi et samedi soir. Elle écuma les bars et les discothèques jusqu'à des heures indécentes. Elle s'évadait la nuit. Provocante, elle allait jusqu'à allumer les hommes qui s'intéressaient à elle. Pourtant elle ne franchit jamais la limite qu'elle avait atteinte une fois avec un barman trop beau.

Deux mois s'écoulèrent dans des brumes d'alcool et de fêtes déjantées. Plus les semaines passaient, et plus le besoin devint compulsif. Plus elle fuyait sa personnalité, s'immergeait dans les limbes nocturnes, plus elle ressentait le besoin de neutraliser la petite fille en elle. Bientôt, elle n'en retira plus aucune satisfaction. Elle s'abrutissait pour ne plus avoir à patauger dans le marécage de ses pensées. Quoi qu'elle fasse, son quotidien d'étudiante lui revenait toujours à la figure. Sa mère ne se doutait de rien. Elle harcelait continuellement sa fille de questions sur ses résultats en cours. Rien d'autre ne l'intéressait. Sanglée à sa vie d'étudiante, elle ne parvenait plus à juguler l'adrénaline des soirées, à desserrer l'étau qui l'asphyxiait. Les rares nuit où elle dormait chez elle, elle était assaillie de cauchemars. Elle assistait à son procès dans un tribunal où sa mère présidait, entourée de jurés en costume-cravate. Parmi eux elle reconnaissait des visages rencontrés en soirée, des étudiants de l'ESG, des sans-domicile qui dormaient à la station de métro près de la rue Saint Ambroise. Leur verdict était sans appel, elle devait périr sur le bûcher.

Un soir d'avril, elle médita sur son comportement. Elle voulait comprendre, trouver la bonne voie. A force d'analyser tout ce qu'elle avait fait ces dernières semaines, elle sut. Elle sut que pour être libre et s'affranchir, elle devrait quitter son enveloppe de petite fille. Celle qui lui collait à la peau depuis son départ de Rouen. Cette pellicule invisible qui la rattachait à son enfance, à sa mère et qui étouffait la femme en elle. Elle devait arrêter de vivre sa vie derrière un écran de fumée, car cela ne lui apporterait rien de bon. Elle savait pertinemment qu'elle ne pouvait faire marche arrière sur son cursus d'étudiante, alors elle se résolut à persévérer en cours, à se concentrer sur ce seul objectif. Arrêter de faire la bringue. Elle se coucha ce soir là, avec le sentiment d'une prise de conscience essentielle. Sans se douter que ce n'était que le point de départ d'une nouvelle étape de sa vie, destinée à la faire grandir. Les jours qui l'attendaient lui réservaient des épreuves auxquelles elle ne pourrait se soustraire. Elle s'endormit, sereine. En accord avec elle-même.

Chapitre 8 : Dérive

Lundi 7 avril 2003

Que se passait-il? Les deux heures qui venaient de s'écouler depuis son réveil semblaient se rembobiner comme un film. Elle revoyait les portes de l'école, les groupes d'étudiants, les vitrines qui émergeaient sous les rideaux de fer, la station de métro. Elle réalisa soudain qu'elle était assise dans le métro, mais dans quelle direction? Où se rendait-elle ? Toutes ces questions s'imprimaient une à une dans son cerveau sans qu'elle parvienne à les stopper ou même à y répondre. Le signal de fermeture des portes retentit mais elle ne fit aucun mouvement en direction de la sortie, elle demeura assise , le visage impassible, le corps immobile. La scène se réitéra huit fois et ce fut seulement après cette huitième fois qu'elle se leva mécaniquement. Son cerveau, rodé à l'exercice quotidien du trajet en métro entre la station Oberkampf et la Gare de Lyon la contraignit à exécuter un à un, des gestes dont elle n'avait pas conscience. La suite du trajet de déroula de la même manière jusqu'à ce quelle se retrouve devant la porte de son appartement. Les trois serrures cliquetèrent l'une après l'autre, la poignée s'abaissa mollement et la porte se referma derrière l'étudiante qui sursauta, seul signe qu'elle appartenait encore au monde conscient. Elle posa son sac, jeta son manteau sur une chaise, les clefs sur la table, se rendit dans la chambre et s'affala sur le lit. Ses yeux inexpressifs se noyèrent alors sous un torrent de larmes qu'elle parut ne pas sentir. Plusieurs heures s'écoulèrent ainsi silencieusement ponctuées de quelques sanglots. Les larmes formaient de petits sillons cristallins sur ses joues et glissaient jusqu'à son menton avant de se jeter dans le vide pour venir mourir en douceur sur l'oreiller. En fin de journée, le ruisseau de larmes s'assécha et son corps inerte répondit une nouvelle fois aux automatismes habituels qui poussent l'être à se lever, à faire un pas puis un autre, la conduisant devant le miroir de la salle de bains où elle croisa, pour la deuxième fois de la journée, son reflet dans le miroir rond accroché au dessus du lavabo. L'image que renvoya celui-ci collait parfaitement à la sensation d'être hors de son corps, cette même sensation qui ne l'avait pas quitté sur le trajet de retour de l'école, ses yeux rougis et bouffis n'exprimaient aucune émotion, ses joues irritées par le passage des innombrables larmes accentuaient la pâleur de son teint déjà peu vif d'ordinaire. Elle dut se tenir au lavabo pour ne pas s'écrouler face à cette image. Qui était cette Elisa qu'elle contemplait dans le miroir? Elle ne la connaissait pas, ne l'avait jamais vue, cette Elisa ne souriait pas, elle avait l'apparence d'un fantôme errant sans but comme si son corps et son âme s'étaient scindés en deux parties distinctes. Mais que s'était-il passé depuis le matin pour que la jeune étudiante coquette, discrète mais joviale, souriant à la vie malgré un environnement familial qui manquait cruellement d'affectif se métamorphose en l'espace de quelques heures en une espèce de pantin sans vie, sans âme et sans conscience.

Un réflexe de survie ou un instinct, elle n'aurait su le définir, lui permit tout de même d'entendre la petite voix à l'intérieur qui continuait de répéter inlassablement les mêmes questions. Des questions qui aboutissaient invariablement à une ultime interrogation : *Mais qu'est-ce que je fais là?* Cette question qui la minait raviva lentement ses souvenirs de la journée, elle avait le sentiment d'avoir rêvé, elle se souvint s'être préparée pour aller en cours, se rappela son passage devant la boulangerie d'où émanait une délicieuse odeur de pain chaud, puis les expressions passives des voyageurs attendant le bus, les mines déconfites de ceux qui prenaient le RER pour se rendre au travail, l'habituelle horde à la Gare de Lyon puis son arrivée à l'école. Elle se remémora les rires et les quelques bribes de conversations des étudiants massés devant l'entrée, tout ça était très flou, elle avait saisi quelques mots par ci par là : " *Dior, week-end, partiels*" furent les seuls à lui revenir. Et ensuite que s'était-il passé? Pourquoi n'était-elle pas à l'instant même en train d'assister à un cours assise au premier rang de l'amphithéâtre?

Elle s'efforçait de reprendre le contrôle d'elle-même, son esprit semblait bien décidé à mener bataille avec son corps et l'empêcher de réfléchir, et malgré l'épuisement causé par le chagrin qui l'avait submergé à son retour, elle obtint finalement gain de cause et le souvenir de son entrée à l'école émergea brutalement. Elle était entrée dans le hall de l'école comme chaque matin depuis dix-huit mois, prête à affronter une nouvelle journée de cours mais il s'était produit un phénomène étrange. Elle n'avait plus été capable d'avancer, une force invisible l'avait repoussée l'exhortant à faire demi-tour. Elle avait observé la routine coutumière des étudiants s'engageant bruyamment dans le hall et s'éparpillant comme des fourmis dans les couloirs menant aux salles de cours et pour la première fois elle n'avait pas suivi le mouvement car elle s'était perdue ou plutôt elle avait dispersé sans le savoir sur le trajet du matin toutes les raisons qui la poussaient à accomplir chaque jour le même rituel : obtenir la reconnaissance de sa mère, atteindre le niveau d'ambition suprême des majors de promo, décrocher un job en or, établir une carrière brillante, la fierté de pouvoir dire qu'elle vivait aux frontières de l'une des capitales les plus attrayantes au monde, avoir une vie parfaite.

Pour la première fois elle avait douté non pas de ses capacités à obtenir tout cela mais de son désir de l'obtenir. Elle avait entraperçu les désirs de sa mère derrière le reflet de la porte vitrée de l'école et tout avait été alors chamboulé dans sa tête. Tout cela elle le faisait pour celle qui l'avait poussée dans cette voie et non pour elle-même, elle avait repoussé les limites de son mental jusqu'à réussir à croire elle-même qu'elle désirait suivre les traces de sa mère pour atteindre les sommets des hauts dirigeants. Seule devant son lavabo, elle ne put que constater amèrement le chemin parcouru et les dégâts que la quête continuelle de perfection de sa mère étaient en train d'engendrer. Elle porta son regard en direction de la porte de salle de bains qui ouvrait directement sur la cuisine. Ses yeux allèrent de l'évier au vaisselier blanc, puis vinrent se fixer sur la petite table blanche également au milieu de la pièce avec deux chaises en guise de compagnie. Elle vivait seule et jusque là la solitude ne l'avait jamais dérangée, mais à cet instant elle comprit qu'elle était seule depuis bien longtemps, sa mère avait su veillé à ce qu'elle reste isolée du monde extérieur et ne porte son attention que sur sa génitrice. Cette dernière avait excellé à ce petit jeu, Elisa voyait sa mère comme le symbole de la réussite, de la perfection, du charisme, elle la vénérait et l'admirait malgré l'absence d'affection qu'elle en recevait. Piégée dans son cocon, elle ne s'était jamais rendue compte qu'elle avait usé la corde qui la reliait à cette dernière, à force de vouloir jouer au jeu des apparences. Son esprit l'avait toujours suivie mais la corde était en train de céder sous le poids d'une tension non évacuée, le doute s'était insinué dans les minuscules failles et la corde désormais bien trop tendue secouait l'esprit de la jeune femme en signe d'alerte et menaçait de se rompre à tout instant.

Il fallait qu'elle reprenne ses esprits, elle se concentra tant qu'elle put et analysa la situation. Sans le vouloir vraiment elle pensa à voix haute : "*J'ai besoin de me reposer, je vais rester à la maison demain ,je dirai que j'ai été malade*" tout en songeant que personne ne semblait l'avoir vue arriver l'école et en repartir. *Je suis transparente, ma vie sociale est si déserte que personne ne s'est aperçu de ma présence, aucun d'eux n'a vu que ça n'allait pas, personne ne m'a posé de question.* Ce constat l'affligea d'autant plus qu'elle réalisa qu'au cours des dix-huit mois écoulés elle avait eu exactement la même attitude, elle parcourait chaque matin un itinéraire identique à la veille et sur son passage elle croisait nombre de sans abris dans le métro, d'hommes et de femmes dont la vie avait basculé et qui se consolaient dans l'alcool ou la drogue parfois. Elle avait ignoré la violence et la misère qui suintaient dans les sous sols parisiens et qu'on évoquaient que brièvement dans certains articles de faits divers titrant l'agression d'une jeune femme dans le RER, ou encore un individu poussé sous les rames du métro pour avoir refusé une cigarette à un autre. Toutes ces personnes anonymes dont on ne parlait jamais car la vie parisienne était ainsi faite, on ne parlait que ce qu'on voyait, on supposait la déchéance humaine des sans domiciles mais on l'ignorait. Elle était devenue une inconnue noyée dans l'immense jungle de Paris, transparente aux yeux de tous et elle n'avait rien vu venir. Le néant qui hantait ses rêves n'était-il pas réellement en train de la rattraper? Elle devait réagir. Maintenant. Avant qu'il ne soit trop tard.

Deux jours s'écoulèrent sans qu'elle ne sorte de chez elle. Elle resta assise, tantôt écoutant d'une oreille distraite la télévision, tantôt farfouillant sur internet à la recherche d'une quelconque occupation. Elle ne prévint pas l'école ni aucune personne de sa classe de son absence. Le seul repas qu'elle avala en deux jours fut son petit déjeuner au lendemain de son retour désastreux de l'école. Elle n'avait absolument pas faim, les journées se révélèrent interminables et ennuyeuses. Elle essaya vainement de ne pas faire face à ce poids qui l'oppressait depuis cette journée maudite, ne pas y penser mais ce fût plus fort qu'elle aussi elle décida de se confier à son fidèle journal intime.

Cher journal,
Nous sommes le mercredi 9 avril 2003. Je suis en proie au désarroi le plus total, je ne sais pas ce qui m'arrive ni ce que je dois faire. Je ne suis pas allée en cours depuis lundi. Pour être franche, j'y suis allée mais je suis rentrée sans avoir commencé la journée. Je ne sais pas vraiment pourquoi. En arrivant lundi matin j'ai été prise d'un terrible doute et tout d'un coup ça a été comme si tout autour de moi était devenu étranger. Je ne savais plus ce que je faisais là. Pourquoi maintenant? Que m'arrive t-il? Je suis à la maison depuis près de trois jours et je me sens démoralisée, triste, j'ai énormément pleuré et j'ai continuellement envie de recommencer. Je ne mange quasiment pas, je n'ai envie de rien, je ne sors pas mais il faudra bien que je retourne en cours, je ne peux pas rester chez moi indéfiniment. Je ne me sens pas la force de reprendre mon p'tit train-train d'étudiante modèle, j'en ai marre de tout ça, ce n'est pas moi, ce n'est pas ce que je veux. Je veux sortir de l'ombre de ma mère et pouvoir faire mes propres choix, mais quels sont-ils en réalité? Je ne m'étais jamais posée la question avant, ma vie, mon avenir, tout était tracé d'avance et j'ai tou-

jours suivi le chemin que ma mère m'indiquait car cela me paraissait être juste. Tout ça me terrifie, je songe à en parler avec un psychologue, il pourrait peut être m'aider à comprendre ce qui m'arrive et à y voir plus clair. Ma mère n'acceptera jamais si je lui en parle, sa fille parfaite aller voir un psy?! Je l'entends d'ici me crier que je ne suis pas folle, qu'il n'y a que les gens malades qui vont chez le psy...Je suis déjà allée en voir un il y a quelques années pour parler d'un évènement dramatique de mon enfance, un évènement auquel on ne fait jamais allusion chez nous, ma mère refuse catégoriquement d'aborder le sujet et je crois qu'elle n'a jamais compris à quel point ça avait déstabilisé mon enfance. Le problème c'est que je n'étais pas prête à m'ouvrir sur ce sujet délicat, alors peut être que je pourrais faire d'une pierre deux coups en retournant voir un psy : comprendre ce qui m'arrive et évoquer ce souvenir difficile en même temps. Je vais réfléchir à tout ça, on verra bien.

Elle referma le petit carnet rayé avec l'intuition que ces derniers jours, même s'ils avaient bouleversés son quotidien n'étaient que les prémices de jours bien plus sombres encore. Elle était loin d'imaginer à quel point son intuition allait se révéler exacte.

DEUXIEME PARTIE : NAUFRAGE

Chapitre 9 : Introspection

Mercredi 15 avril 2003

Elle n'avait pas imaginé l'endroit aussi lugubre ou plutôt austère. Il régnait ici une atmosphère pesante, elle patienta dans une salle manquant de clarté et dégageant une odeur de renfermée qui piquait les narines. Les rideaux n'avaient pas dû être lessivés depuis des lustres. Quant aux sièges ils offraient aux visiteurs des sourires béants par lesquels s'échappaient de gros morceaux de mousse jaunis qui devaient faire la joie des acariens. L'établissement appartenait à la Mairie, il était destiné aux personnes dont la situation sociale était souvent très précaire et qui n'avaient pas les moyens de s'offrir les services d'un psychiatre, ou d'un psychologue dans les beaux quartiers de Maisons-Alfort. Aussi l'aspect miséreux du lieu ne surprit pas vraiment la jeune femme. Obtenir un rendez-vous avait été assez facile. La première entrevue se déroulerait avec le psychiatre du centre, c'était la manière de procéder. Celui-ci déciderait ensuite s'il suivrait cette nouvelle patiente ou s'il l'orienterait vers un de ses confères psychologue. Pour Elisa la différence entre ces deux corps de métier n'était pas très claire, malgré tout elle s'était bien gardée de préciser à sa mère que le premier entretien se ferait auprès d'un psychiatre. En effet, la ma-

trone s'était montrée très réticente quand sa fille avait suggéré une consultation, prétextant des cauchemars récurrents et inexpliqués. Leur conversation brève lui revint en mémoire tandis qu'elle attendait son tour dans la salle miteuse.
- Que vas-tu faire avec un psychologue? De quoi veux tu lui parler?
- De mes cauchemars, maman.
- Quel genre de cauchemars?
- Ce sont des images sans queue ni tête mais très angoissantes, ça m'empêche d'avoir un sommeil réparateur. Je me sens fatiguée et j'ai du mal à me concentrer la journée, j'aimerais juste avoir un avis.
- Soit. Fais comme tu veux mais ne vas pas consulter un charlatan qui va te bourrer de médicaments inutiles.
- Je ne vais pas le voir pour un traitement, juste pour parler.
- Très bien, tu me donneras des nouvelles. Je dois te laisser mon portable sonne c'est sûrement le boulot.
- Au revoir maman. A bientôt.

Leur échange, écourté par l'appel sur le portable de sa mère, lui avait permis non seulement d'obtenir l'approbation de cette dernière pour consulter un psychologue mais surtout il lui avait évité la sempiternelle question "*comment se passe les cours*?".Cette question revenait sans cesse à chaque appel, bien qu'elle se fut raréfiée depuis la visite de sa mère à Paris, à l'occasion de la soirée organisée pour permettre aux parents de découvrir le lieu dans lequel évoluait leur progéniture. Cette soirée avait dépassée les espérances de l'étudiante. Le Directeur de l'école, Mr Derhy, avait chaleureusement reçu chaque parent et la mère d'Elisa s'était montrée particulièrement enthousiasmée devant son attitude prévenante . Elle avait constaté avec surprise et ravissement que l'école de sa fille, loin d'égaler la renommée d'HEC savait se prémunir des meilleurs atouts pour contrer la concurrence et délivrer des diplômes dont aucun étudiant n'aurait à rougir. Les intervenants étaient tous issus du milieu entrepreneurial, ils occupaient ou avaient occupé avant de se consacrer à la formation de jeunes étudiants, des postes à responsabilités dans les plus grandes sociétés françaises ou internationales. La soirée s'était soldée par une agréable et étonnante remarque "*finalement, tu n'as pas si mal choisi, elle m'a l'air très bien comme école*". Depuis les relations entre les deux femmes s'étaient détendues même si Elisa n'était pas dupe. Sa mère ne lui avait pour autant pas pardonné son choix et elle exigerait davantage de sa fille que la simple obtention de son diplôme. Mieux valait pour le moment qu'elle ignore que sa fille ne s'était pas rendue en cours depuis le lundi précédent.

- Elisa Mercier?

Elle leva la tête en direction de la voix qui venait d'annoncer son nom.
-Oui, c'est moi.
- On y va c'est votre tour.
Elle quitta son siège dont le skaï craqua, et suivit l'homme qui était apparu furtivement dans l'encadrement de la porte jusqu'à un petit bureau, pas plus éclairé que la salle d'attente. L'appréhension l'envahit alors.
- Asseyez-vous, dit-il en indiquant un fauteuil noir.
Elle s'exécuta et observa son interlocuteur. Ses cheveux hirsutes et grisonnants lui conféraient plus un air de savant fou que de psychiatre. Son costume gris foncé était froissé, sa chemise mal boutonnée. Une première impression peu engageante, d'autant que l'expression de son visage masquée par des cernes profondes et un teint blafard n'augurait aucune sympathie. Ses épaules affaissées augmentaient l'impression de lassitude peinte sur son visage. Elisa se sentit mal à l'aise et se demanda si elle arriverait à se confier à un tel individu.
- Je suis le docteur Bréant, psychiatre.
Sa voix douce et posée parut sortir d'un rêve tant elle contrastait avec l'aspect général de l'homme assis face à elle. Elle répondit par un timide bonjour et il enchaîna, habitué à ce type de comportement de la part de nouveaux patients.

- Alors, mademoiselle Mercier. Qu'est-ce qui vous amène ici?
- Je ne sais pas où commencer. Je suis venue vous voir car ces temps ci je ne me sens pas très bien, je suis comme déprimée.
- D'accord. Comment se traduit ce sentiment de déprime? Cela dure depuis combien de temps?
- Eh bien...ça a commencé il y a une petite dizaine de jours. Je me rendais en cours un matin et en arrivant sur place j'ai ressenti le besoin de quitter au plus vite l'école, de rentrer chez moi. C'est donc ce que j'ai fait et une fois rentrée je me suis mise à pleurer.
- Vous êtes étudiante en quoi?
La question sans transition ébranla la jeune femme mais elle répondit comme si de rien était.
- En école de commerce, en spécialité expertise comptable.
- C’est intéressant et ça vous plaît?
- Oui bien sûr.
- Alors pourquoi être partie la semaine dernière?
Interloquée par ces questions, Elisa pensa que c'était probablement le cheminement normal de l'entretien et que le psychiatre essaya de connaître davantage sa nouvelle patiente.
- Je ne sais pas vraiment, j'ai eu une sorte de doute, je n'étais plus certaine à ce moment là que c'était ce que je voulais.

- Pourtant vous aimez ce que vous faîtes?
- C'est exact.
- Donc il s'agissait peut être d'un moment de fatigue. Inconsciemment vous aviez peut être besoin de repos, et votre corps a réagi, vous avez pleuré.
Comme s'il avait eut une boule de cristal, le psychiatre évoqua ensuite des examens de fin d'année qui soumettent les étudiants à un stress plus important, pouvant ainsi les amener à de telles situations ne soulevant pourtant aucune inquiétude. Il sembla à cet instant dépité, le cas de cette nouvelle patiente n'était pas très original et n'amenait rien de plus que des larmoiements.
- J'ai en effet des partiels de fin d'année le mois prochain, reconnut-elle. Et...je suis effectivement fort fatiguée ces jours-ci mais pas seulement à cause des cours, je dors mal la nuit, je fais des cauchemars récurrents.

Le sourcil gauche du psychiatre se souleva, comme si d'un seul coup la conversation devenait plus intéressante. Il écouta d'une oreille plus attentive le récit de ces nuits agitées. Elisa relata sa course effrénée, la voix dans le lointain, l'impossibilité d'atteindre son but à chaque fois et enfin l'angoisse qui la paralysait dans ces moments là. Tandis qu'elle parlait, le psy scrutait son visage, ses prunelles noires roulaient dans leur orbite détaillant chaque mot qui sortait de sa bouche, le décortiquant comme pour en ex-

traire un sens caché. Cette observation minutieuse était très déstabilisante pour l'étudiante qui lutta contre l'envie subite de fuir ce bureau où elle commençait à étouffer. Après de longues secondes de silence et d'analyse le psy reprit la parole:
- Hum...il y a peut être un élément de votre passé qui refait surface dans votre subconscient et comme vous êtes un peu stressée ces temps-ci, c'est une manière d'évacuer vos angoisses.
- Je ne sais pas, bredouilla t-elle. Elle ne s'attendait pas à recevoir une réponse aussi peu satisfaisante.
-Vous n'avez pas d'idées noires?
- Des idées noires? Bien sûr que non, je suis bien loin de ça.
- Parfait alors. Avant de nous arrêter pour cette séance, voici ce que j'en pense. Il s'agit sans doute de petites angoisses passagères, je ne pense pas qu'il soit nécessaire pour vous de recourir à un traitement médicamenteux. En revanche, nous pouvons programmer de nouvelles séances pendant quelques temps pour vous aider à comprendre l'origine de vos angoisses, étudier un peu votre vécu si vous le souhaitez.
- Très bien, je suis d'accord.
- Je vous propose un nouveau rendez-vous lundi prochain à 10h00. De manière tacite, elle comprit que la prochaine séance aurait

lieu de nouveau avec le psychiatre et non un psychologue.
- C'est parfait. A lundi alors. Au revoir.
Il se leva pour lui serrer la main et la raccompagna jusqu'à la porte du bureau avant de s'enfermer pour rédiger un bref compte-rendu de la séance.

Sur le chemin du retour qu'elle parcourut a pied, son appartement étant à seulement une quinzaine de minutes de là, elle s'arrêta un moment pour inspirer l'air frais du dehors. Une véritable bouffée d'oxygène qui la revigora après ce moment passé chez le psy. Elle était assez décontenancée de cette séance et en même temps elle ressentait un certain soulagement qu'elle n'expliquait pas. Ce psychiatre était assurément très "spécial". C'était en tout cas l'impression qu'elle en gardait, et elle ne comprenait toujours pas pourquoi il lui avait indiqué qu'un traitement serait inutile. Elle n'était pas venue pour se faire prescrire des produits chimiques qui lui seraient sûrement plus néfastes qu'utiles. Elle n'avait pas non plus trouvé de véritable réponse à ses questions mais elle se sentait rassurée de savoir qu'elle pourrait prochainement évoquer plus les points sensibles de son passé. Qui sait où cela la mènerait?

Elle décida qu'elle avait assez ruminé sur le sujet pour aujourd'hui et chassa de son esprit l'image du psy et ses airs de scientifique déluré. Elle s'arrêta à la boulangerie avant de rentrer pour y acheter une baguette croustillante, et se faire un petit plaisir avec un de leur fameux sablé à la framboise recouvert de sucre glace, son péché mignon. Mais aussi l'un des rares aliments qui composaient son alimentation depuis qu'elle se cloîtrait chez elle.

Un quart d'heure plus tard, elle savourait son sablé allongée sur son lit devant un épisode de la série *Las Vegas*. Cela lui permit de se détendre, mais une fois l'épisode terminé elle eut beau zapper sur toutes les chaînes, aucun programme ne retint son attention. Elle commençait à s'ennuyer de ces journées sans activité, et ressentait le besoin de discuter mais ses camarades de cours ne sortaient pas le nez de leurs livres et en dehors de l'enceinte de l'école elle ne les voyaient jamais. Une nouvelle fois elle devrait se contenter de ses pseudos amis sur Internet, des contacts aussi virtuels qu'éphémères.

Chapitre 10 : Un autre monde

Samedi 19 avril 2003

Depuis que sa connexion internet était active, Vincent passait la plupart de son temps libre sur l'ordinateur. Il avait déjà écumé le site d'enchères *EBay* en quête de bonnes affaires qu'il n'avait pas traîné à trouver. Il avait déjà mis en ligne lui-même pas moins d'une vingtaine d'annonces pour vendre des pièces de voitures. Le garage croulait sous les pièces détachées d'une vieille Matra rouge, achetée pour quelques billets à un particulier désireux de faire de la place chez lui, et qui visiblement ne connaissait pas la valeur de son bien. Il venait deux fois par jour consulter les enchères qui ne cessaient de grimper sur ses annonces. Il savait que le web recelait des trésors mais il ne s'attendait pas à un tel engouement. Il avait même provisoirement délaissé ses pinceaux et ses toiles au profit de ce nouveau joujou et au détriment de la jeune femme qu'il fréquentait depuis deux mois, un exploit pour lui qui n'attachait guère d'importance aux relations intimes en général. Elle était d'origine franco-italienne avec un caractère bien affirmé, pas trop entreprenante cependant et elle lui laissait la liberté dont il avait besoin. En revanche, elle exigeait beaucoup d'attentions de la part du jeune homme lors de leurs rendez-vous qui finissaient invariablement sous la couette, ce qui n'était pas forcément déplaisant. Ils avaient prévus de se retrouver ce samedi après-midi. Mais après avoir découvert la veille que la jolie brune ne se contentait pas d'un seul homme dans sa vie, il avait mis un terme tout net à leur relation. Bien que connu pour son caractère fort il s'était senti blessé par un tel manque de respect à son égard, il aurait préféré qu'elle fasse preuve d'un minimum d'honnêteté. Aussi Vincent qui n'avait pas d'autres projet entreprit de surfer sur le web une partie de l'après-midi. Il vérifia ses enchères qui se termineraient le lendemain soir et eut la satisfaction de voir que pas moins d'une vingtaine de personnes se disputaient autour du prix, les affaires s'annonçaient excellentes. Tout en naviguant sur les différents sites d'enchères et d'annonces en ligne, un encart publicitaire attira son attention, il s'agissait d'une petite banderole blanche montrant la photographie souriante d'un homme et d'une femme autour d'un café fumant. La fumée était remplacée par le slogan "*Envie d'un moment de détente, venez discuter en ligne avec des milliers d'autres membres*". Le mot GRATUIT s'affichait en bas en clignotant de toutes les couleurs pour attirer les curieux. Un clic suffit à Vincent pour arriver sur une page qui proposait de se connecter en tant qu'invité ou de s'inscrire comme membre permanent. Il allait refermer la fenêtre mais se ravisa, la curiosité était plus forte et puis après tout il trouverait peut être d'autres personnes intéressées par ses bons plans. Il remplit le formulaire en ligne qui lui demandait de préciser s'il était un homme ou une femme, le nom de la ville où il habitait, sa date de naissance et de choisir un pseudonyme. Il opta pour Vince59. Après que le site lui eut confirmé la disponibilité du pseudo, il put se connecter et accéder au salon de discussion virtuel. Il resta un moment à observer les lignes de texte qui défilaient à l'écran à toute vitesse. Des dizaines de membres discutaient entre eux pas toujours de manière très pacifique à en juger par l'utilisation des points d'exclamations, majuscules et couleurs criardes pour insister sur leurs propos. Vincent ne sut par où commencer, sur la gauche une longue liste de pseudos s'étalait jusqu'en bas de la page avec une barre de défilement. Dans un encart rose les pseudos féminins, dans un bleu ceux des hommes. Il y avait de tout : chercherencontre08, pastis57, hotdog000122 (il se demanda s'il fallait prendre à la lettre le sens de celui-ci), metiss_du_maroc, jmlesbrunes etc... Il parcourut la liste en souriant, certains n'avaient vraiment peur du ridicule avec des pseudos sortis de nulle part, toutefois l'un deux capta son attention par sa connotation plus poétique : CarpeDiem75. Il cliqua sur le pseudo et une petit fenêtre de dialogue privé s'ouvrit, il ne savait pas vraiment comment fonctionnait le site, aussi il tenta timidement un bonjour et attendit une réponse. Son pseudo avait dû attirer l'attention d'autres membres car il vit plusieurs fenêtres s'ouvrirent simultanément. Certaines affichaient de joyeux "Salut", ou encore des acronymes qui le laissèrent dubitatif du genre "ASV stp?" D'autres membres féminines à en juger par les pseudos étaient plus directes " salut, je suis blonde, 1m70, 65kg, je cherche une rencontre, ça t'intéresse?" Il déclina pas moins de cinq invitations de ce type, à la fois surpris et amusé par cette manière de procéder. Le temps de fermer toutes les fenêtres de conversation et d'ignorer les demandes parfois insistantes CarpeDiem75 avait répondu à son bonjour. Il décida qu'il était plus simple de ne suivre qu'une seule conversation à la fois et ignora les fenêtres qui s'ouvraient à côté, les gens finiraient bien par se lasser. Il tapota sur le clavier une réponse à l'attention de CarpeDiem75.

Vince59 : J'aime beaucoup ton pseudo.
Carpediem75 : Merci
Vince59 : Alors tu veux parler de quoi?
Carpediem75 : Je ne sais pas et toi, je ne viens que rarement sur ce type de site.
Vince59 : C'est la première fois pour moi, inscrivit Vincent.

Une petite bulle en bas de l'écran indiqua que CarpeDiem75 était en train de rédiger une réponse qui ne tarda pas apparaître.
Carpediem75 : Que viens -tu faire ici?
Vince59 : Tout et rien, je découvre. En fait je viens de rompre avec ma petite amie et j'avais envie de me changer les idées.
Carpediem75 : Ok.
La réponse était plutôt brève, et il eut l'impression d'avoir agacé son interlocutrice. Il l'interrogea pour avoir confirmation, le temps qu'elle mit à répondre lui indiqua qu'il ne s'était pas trompé. Pourtant elle ne se déconnecta pas, il en profita pour relancer la conversation avec un peu d'humour.
Vince59: Tu veux que je te racontes une blague?
Carpediem75: Euh...oui pourquoi pas.
Vince59: Qu'est ce qu'une luciole qui a pris du viagra?
Carpediem75 : Excellente question, je n'en sais rien.
Vince5: Un néon.
Carpediem75: Lol.
Vince59 : Lol? ça veut dire quoi?
Carpediem75: Tu es un novice toi. Cela signifie "mort de rire". C'est le langage d'Internet.
Vince59: Ah ok. Dans ce cas tu vas peut être pouvoir me dire ce que signifie "ASV stp?".
La réponse se fit attendre de longues minutes, il finit par penser qu'elle ne voulait plus lui

parler. Carpediem75 n'avait peut être pas le même sens de l'humour.
Carpediem75: ASV signifie Age-Sexe-Ville. La plupart des internautes vont te poser la question d'emblée et si la réponse ne les satisfait pas ils t'éjectent (lol).
Vince59: Merci. Tu ne me l'as pas demandé toi.
Carpediem75: Non ça ne m'intéresse pas, je suis juste là pour discuter pas pour faire des rencontres.
Vince59: Moi non plus. Dis moi c'est normal que tu sois si longue à répondre?
Il patienta.
Carpediem75: Oui, je discute avec plusieurs personnes à la fois.
Vince59: Ah je suis pas unique alors? Je suis déçu.
Carpediem75: Oh mais non, ne le sois pas, c'est le principe même du dialogue en ligne.
Vince59: On peut pas discuter que tous les deux autrement?
Carpediem75: Si il existe la messagerie instantanée Msn Messenger.

Heureusement qu'un écran les séparait sinon CarpeDiem75 l'aurait pris pour un homme préhistorique. Il n'avait aucune idée de ce qu'était MSN Messenger et cette conversation virtuelle lui servit d'alibi pour aller se renseigner sur la toile à propos de cette messagerie. Une petite demi-heure plus tard, il avait installé ladite messagerie et s'enquérait auprès de CarpeDiem75 du mode de fonctionnement. Elle le guida pas à pas et fit office de cobaye en acceptant de partager son adresse mail et de devenir le premier contact Messenger de Vince59. Tout ça semblait très ludique aux yeux du jeune homme, qui voyait là une source d'intérêt nouvelle et se prenait au jeu du virtuel avec amusement. Il quitta le salon de discussion pour se consacrer à ce nouveau joujou en compagnie de son cobaye à distance, qui semblait s'amuser tout autant de la situation. En quelques instants ils étaient passés du statut de parfaits inconnus à celui de deux adolescents en quête d'aventure. Aucun des deux n'avaient envisagé que cette aventure puisse les entrainer sur des sentiers bien plus réels qu'il n'y paraissait. A peine en ligne sur Messenger, il commença à tester toutes les fonctionnalités qui défilaient à l'écran sous les clics répétitifs du pointeur. Les smileys, les couleurs ou taille de police, le fond d'écran tout y passa, et lorsqu'il arriva sur discussion vidéo, sa curiosité fût à son comble, il ne résista pas à l'envie d'essayer. Il fallait d'abord convaincre CarpeDiem75 de poursuivre l'expérience avec lui. Ses doigts parcoururent le clavier pour transposer en code alphanumérique l'idée qui venait de lui traverser l'esprit.

Vince59: On peut tester la conversation vidéo?

CarpeDiem75 répondit par la négative, il fallait posséder une webcam pour utiliser cette fonctionnalité et avoir un visuel en direct, et de toute façon elle était contre.
Vince59: Allez? On essaie juste pour voir.
Carpediem75: Juste pour voir quoi? A quoi je ressemble et si ma tête te plaît?
Vince59: Non, s'offusqua t-il. J'aimerais juste voir que ça fait.
Carpediem75: Et toi pourquoi ne branches tu pas ta webcam?
Vince59: Je n'en ai pas.
Carpediem75: Alors ce n'est pas juste, je ne vois pas pourquoi un seul d'entre nous devrait se révéler à l'autre.
Derrière son écran, Vincent était hilare mais ne comptait pas abandonner. Il eut une idée pour la convaincre.
Vince59: Très bien, on fait un deal.
Carpediem75: Un deal??
Vince59: Oui, si tu mets ta webcam, je te promets d'aller en acheter une lundi et de la brancher également.
Perplexe, Carpediem75 ne répondit pas immédiatement, puis la bulle indiquant qu'elle rédigeait une réponse apparût en bas de l'écran.
Carpediem75: Dans ce cas j'attends, que l'aies achetée et on la branche en même temps.

Vince59: Ah non ce n'est pas le deal convenu, c'est à prendre ou à laisser? Tu peux avoir confiance en moi.
Ce petit jeu du chat et de la souris dura encore de longues minutes qui se soldèrent par une victoire pour Vince59, lorsque le message s'imprima à l'écran :" CarpeDiem75 vous invite à démarrer la conversation vidéo. Voulez-vous accepter l'invitation?" Il sélectionna le Oui et une image floue se dessina sur son écran. L'image était instable, signe que CarpeDiem75 qui avait capitulé, était en train d'ajuster la netteté. Enfin il mit un visage sur son cobaye virtuel et captivé par celui-ci, Vince59 sut instantanément qu'il réaliserait prochainement un portrait au fusain de cette inconnue. Elle ne pouvait le voir mais il souriait et il répéta textuellement sa promesse d'acheter une webcam.

Chapitre 11 : Flash-back

Lundi 21 avril 2003

Elisa s'éveilla après une nuit mouvementée. Ses paupières alourdies par le manque de repos ne consentirent à se soulever qu'après trois tentatives. Lorsqu'enfin elle ouvrit les yeux, elle eut l'impression de tanguer. Elle s'assit un court instant sur le bord du lit puis se rallongea le temps que le vertige s'estompe. Son corps avait encore été mis à rude épreuve cette nuit, ses cauchemars se répétaient presque toutes les nuits désormais, elle ne trouvait plus le repos au cours de ces heures de sommeil épuisantes. A chaque fois le même scénario revenait en boucle, elle courait le long d'une route sans fin, sentant la menace gronder dans son dos, puis attirée par celle-ci elle se retournait et lui faisait face, pour constater avec effroi que le monstre de brume était en train de s'abattre sur elle. Au cours des deux derniers cauchemars, la tension était montée d'un cran, tout s'accélérait, le monstre l'enserrait dans des volutes de fumées opaques, crachant de minuscules gouttelettes sur son visage et ses bras nus, il l'étouffait. Prise de panique, elle se débattait, tentait vainement de hurler mais aucun son se sortait de sa bouche. L'air quittait ses poumons lentement et la sensation d'étouffement s'atténuait, son corps s'allégeait, elle finissait par s'abandonner au baiser du néant et se délectait de cette ivresse qui envahissait son corps. Elle songeait à se laisser aller complètement à ces plaisirs enivrants mais quelque chose la retenait. Une force invisible la tirait vers l'arrière et elle retombait brutalement au sol, la route désertique s'étalait sans fin devant elle et elle se réveillait secouée de spasmes et violents sanglots.

Le vertige qui s'était emparée d'elle quelques minutes avant diminua, lui permettant de se lever. Il était huit heures trente et elle devait se préparer pour le rendez-vous avec le docteur Bréant. De quoi parleraient-ils aujourd'hui? Devait-elle évoquer ses cauchemars qui la terrifiaient? Elle n'était pas certaine d'avoir envie de découvrir quel monstre se cachait réellement dans l'ombre de son inconscient. Elle avala un petit déjeuner succinct comme tous les jours depuis qu'elle restait enfermée dans son appartement. Elle ne s'était pas rendue en cours depuis quinze jours et personne ne s'inquiétait de son absence. Toutefois elle avait appelé le secrétariat de l'école pour prévenir qu'elle était souffrante et ne saurait se rendre en cours pendant quelques temps. Le personnel de l'école considérait les étudiants comme les jeunes adultes qu'ils étaient, et estimait que chacun prenait ses responsabilités, ils ne posèrent aucune question. Les journées s'écoulaient les unes après les autres, elle passait la plupart du temps à regarder la télé, à lire ou à naviguer sur Internet. De temps à autre elle discutait en ligne avec Mike ou Julia ses anciens amis de la classe préparatoire. Elle n'avait confié à aucun d'eux sa situation actuelle laissant entendre que tout se passait bien. Pour le moment elle s'obstinait à ne pas affronter la réalité mais tôt ou tard elle le savait, il faudrait qu'elle prenne une décision concernant les cours. Si elle n'y retournait pas elle devrait subir les foudres de sa mère et trouver une voie de repli. En revanche, si elle décidait de continuer, elle obtiendrait son diplôme et répondrait à tout ce qu'on attendait d'elle. Dans les deux cas aucune solution ne lui convenait. Pour l'instant elle évitait soigneusement d'y penser, elle s'était réfugiée dans son appartement, les volets de la chambre donnant sur la rue demeuraient fermés et la fenêtre de cuisine donnait sur une minuscule cour que personne ne fréquentait. Ce quotidien ainsi fait, lui conférait un étrange sentiment de sécurité comme dans un cocon. Elle construisait sa bulle comme une araignée tisse sa toile, méthodique, organisée, solide, obstruant le passage à tout individu indésirable, ne laissant filtrer du monde extérieur que le strict nécessaire à sa survie. Les filaments de soie de la toile brillaient sous les rayons du soleil, cristallisaient l'eau, ressource indispensable dans cette vie où chaque être était assoiffé de pouvoir, avide de réussite. Elle n'avait besoin de rien d'autre que le soleil pour se réchauffer et l'eau pour étancher sa soif, elle n'en avait pas encore pleinement conscience, elle effleurait seulement les possibilités de confort qu'offraient cette bulle invisible.

Une fois son petit déjeuner englouti, elle piocha dans l'armoire quelques vêtements puis s'habilla dans la salle de bains. Pas de douche ce matin , ses cheveux n'avaient pas besoin d'être lavés. Elle se prépara suivant le même procédé que lorsqu'elle devait se rendre en cours, noua ses cheveux en une queue de cheval retombant sur ses épaules puis appliqua une mince couche de fard à paupières et de rimmel sur ses yeux. Avant de quitter la pièce elle s'observa dans le miroir: ses cheveux ainsi coiffés lui conféraient des airs de petite fille, de grosses cernes soulignaient son regard éteint et accentuaient la pâleur de ses joues. Elle avait une mine affreuse. Le rose de ses lèvres s'accommodait harmonieusement avec son maquillage mais elles semblaient figées dans le temps. Durant une seconde Elisa crut apercevoir un minuscule nuage de brume s'en échapper, la même qui l'enveloppait la nuit dans son sommeil. Elle chassa rapidement cette idée saugrenue et acheva sa préparation, il était 9h40, elle devait se mettre en route pour arriver à l'heure. Elle était toujours très ponctuelle, encore l'un des grands principes de l'éducation maternelle.

Après environ douze minutes de marche, elle arriva au cabinet du Dr Bréant. L'odeur poisseuse s'incorpora dans ses narines dés qu'elle entra. Elle retint un haut de cœur et se dénicha une place près d'une fenêtre entrouverte dans la salle d'attente bondée. La matinée venait à peine de démarrer, pourtant il y avait déjà beaucoup de retard dans les rendez-vous. Quatre personnes se succédèrent dans le bureau du Dr Bréant avant qu'elle n'entende enfin prononcer son nom. Elle accueillit avec soulagement la fin de cette attente. L'atmosphère devenait irrespirable et la femme assise auprès d'elle avait dû confondre son parfum avec le désodorisant des toilettes, c'était écœurant.

Comme la première fois, elle s'installa face au psychiatre qui ne décrocha pas un mot pendant deux longues minutes. Voyant que sa patiente hésitait, ne sachant trop si elle devait continuer à jouer au roi du silence ou entamer la conversation, il prit la parole.

-Comment allez-vous aujourd'hui?

-C'est toujours pareil, j'ai encore ce sentiment de déprime qui me colle à la peau, une intense fatigue. Et je fais toujours les mêmes cauchemars.

-Il s'agit des cauchemars que nous avons évoqué la dernière fois? Sont-ils rigoureusement identiques?

-A quelques détails près, confirma la jeune femme.
-D'accord. Pensez vous que qu'un quelconque évènement de votre passé, votre vécu pourrait avoir un lien avec ces cauchemars? Vous avez expliqué fuir dans ces cauchemars.

Elisa ne répondit pas de suite. Elle avait en effet réfléchi à cela pendant la semaine et elle s'était replongée dans les souvenirs d'un évènement qui avait bouleversé la famille à l'époque. Elle se racla la gorge et s'agita nerveusement sur son siège. Elle n'avait encore jamais évoqué ce jour dramatique et elle sentait que le moment était venu. Elle ferma les yeux, prit une profonde inspiration pour se donner du courage puis entama le récit d'une journée de son enfance où tout avait basculé.

1er février 1991

Cette journée avait commencé comme toutes les précédentes, sa mère l'avait réveillée avant d'aller elle-même se préparer. Elisa avait tout juste neuf ans et son caractère indépendant avait conduit sa mère à la rendre très vite autonome. Aussi chaque matin, elle devait dresser elle-même sa table du petit déjeuner, se laver, s'habiller puis prendre son cartable préparé la veille, fermer la porte à clé et se rendre à l'arrêt du car de ramassage scolaire situé à une cinquantaine de mètres de la maison. Elle passait toujours par la porte de derrière qui donnait accès à la seconde partie du jardin, ainsi sa mère verrouillait la porte principale en partant. De là, la fillette rejoignait quelques amis à l'arrêt du car qui n'était en réalité qu'un point déterminé par la commune pour le ramassage: un vieux puits datant de l'époque de la guerre, abandonné et hors d'usage, il témoignait des vestiges d'une autre vie. Cela faisait déjà trois mois que l'organisation était ainsi mise en place à la maison. Elisa s'était habituée à ses gestes quotidiens qu'elle effectuait consciencieusement. Vers huit heures moins dix, sa mère partait travailler, elle commençait à huit heures trente et ne tolérait pas d'être en retard. C'était également l'heure à laquelle les enfants montaient dans le car en direction de l'école, la fillette ne restait donc seule qu'une

petite demie heure. Ce matin là, tout de déroula comme d'ordinaire sans retard. A 7h50 la porte d'entrée située sur l'avant de la maison se referma, le cliquetis des clés dans la serrure sonna le départ de sa mère. Elle ne prenait jamais le temps de déposer un baiser sur la joue de sa fille, les signes d'affection de sa part était déjà bien rares. Une fois sa mère partie, Elisa ne traînait pas, elle aurait pu comme beaucoup d'enfants aiment le faire, s'installer devant un dessin animé mais elle devait s'acquitter de la corvée de nettoyage et débarrassage de la table.
Il faisait encore nuit, le jour se lèverait dans peu de temps mais on discernait dans le ciel déjà les premiers signes d'une journée maussade. Dehors le temps était couvert et menaçant, de gros nuages noirs s'amoncelaient, annonçant l'imminence d'un orage. Dans ce village isolé de la campagne normande, on était habitué à de violents orages qui s'accompagnaient immanquablement de coupures d'électricité passagères. Une fois encore cette prédiction météorologique s'avéra exacte, tout juste cinq minutes après que sa mère l'eût laissée seule. Guère rassurée, la fillette ignora les premiers éclats du tonnerre. Instinctivement, elle leva les yeux vers le plafond devinant le combat des éclairs au dessus d'elle. La seule chose qu'elle vit furent les fils électriques qui saillaient, la charpente apparente et des morceaux de laine de verre pen-

dants, la construction était récente et de multiples finitions attendaient que l'on daigne s'occuper d'elles. Elle terminait de frotter la toile écrue qui recouvrait la table de cuisine lorsque les premiers éclairs sifflèrent dans le jardin, le recouvrant de marbrures lumineuses qui s'éteignirent aussi vite qu'elles étaient apparues. La lumière de la cuisine vacilla puis une seconde salve illumina le jardin. Cette fois l'ampoule montra des signes évidents de faiblesse. Si l'orage persistait au dessus de la maison, celle-ci serait plongée dans l'obscurité d'ici quelques minutes. La fillette se hissa alors à l'aide d'une chaise pour attraper une lampe de poche rangée au dessus d'un grand vaisselier. Elle tâtonna à la recherche de la lampe qu'elle parvint à atteindre du bout des doigts et la fit glisser jusqu'à pouvoir l'empoigner. Elle s'apprêtait à redescendre avec la lampe lorsqu'un bruit capta son attention. C'était à peine perceptible, un craquement aussi léger que des brindilles asséchées par le soleil frémissant sous le poids des promeneurs. Le crépitement se fit à nouveau entendre et résonna comme un signal d'alarme dans la tête de la petite fille. Du haut de ses neuf ans elle ne comprenait pas très bien ce qui arrivait, mais elle en était persuadée, il se passait quelque chose d'inhabituel. Tiraillée par l'angoisse, son ventre formait une boule de nervosité, ses mains étaient moites, tous ses sens en alerte elle se mit en quête de ce qui pouvait bien provoquer ce mystérieux bruit. A l'extérieur, les éclairs continuaient de frapper le sol avec véhémence et le ciel semblait se déchirer sous les assauts répétés du tonnerre. Elisa ne percevait plus le vacarme de cette météo déchaînée, chaque particule de son petit corps frêle tremblait, ses yeux balayaient l'espace, allant de l'argenterie d'époque que sa mère adorait au salon, où étaient disposés le long des murs de placot apparent, un canapé en simili cuir noir face à un petit meuble de télé. Sur le mur adjacent se dressait un insert flambant neuf, la fierté de son père. Elle ne voyait rien d'anormal, chaque objet était à sa place, la cheminée n'avait pas été allumée, les cendres froides de la flambée de la veille témoignaient de son inactivité. Un sixième sens s'activait dans l'esprit de l'enfant et poussée par une certitude absolue qu'elle ne s'expliquerait jamais, elle sut qu'elle trouverait ce qu'elle cherchait à l'extérieur de la maison. Angoissée, elle attrapa son blouson rose qu'elle mettait chaque matin, puis le serra contre elle pour se rassurer. Elle atteignit la partie arrière du jardin par la porte-fenêtre qu'elle empruntait chaque matin pour partir, mais cette fois elle la laissa ouverte comme pour se rassurer, se disant que si elle avait besoin de rentrer à toute vitesse ce serait plus aisé. Cette partie du jardin était encore en friche, elle dut faire attention de ne pas se tordre un pied sur la caillasse et les détritus qui jonchaient le sol. Toujours incapable de comprendre ce qui l'avait amené là, elle se retourna pour observer la maison et ce qu'elle vit lui parut irréel.

D'immenses flammes jaillissaient du toit, s'entrelaçaient et filaient vers le ciel en une épaisse fumée noire, se mêlant aux nuages, formant un barrage opaque sur la seule issue possible pour rejoindre l'avant de la maison et quitter les lieux. L'espace d'une seconde elle jeta un regard à la porte-fenêtre restée ouverte, elle pouvait rentrer mais elle savait que c'était extrêmement dangereux et risqué. De surcroît elle ne pourrait s'échapper par la porte de devant car elle était verrouillée. Seule sa mère possédait le double de la clé, il ne lui restait qu'une option : se jeter dans ce brouillard de fumée. Terrifiée mais lucide elle ne prit pas le temps de réfléchir, elle sentait que le temps lui était compté et elle devait s'échapper pour ne pas mourir, alors courageusement elle affronta l'enfer brûlant de l'incendie. Elle se rua dans la fumée opaque, elle sentit les langues de feu empourprer son visage, la fumée lui piquait la gorge et les yeux, elle ne voyait rien, le temps semblait infiniment long et elle ne cessa de courir, s'époumonant dans l'espoir que quelqu'un entende son appel de détresse. Elle stoppa sa course folle lorsqu'elle fut parvenue devant le portail en bois d'un voisin qu'elle vit s'ouvrir avec soulagement. En état de choc, elle serrait contre elle son blouson rose et répéta à plusieurs reprises son appel à l'aide, qu'il fallait appeler les pompiers, et surtout qu'elle n'avait rien pu faire. Son voisin affolé et soulagé à la fois de voir la fillette saine et sauve l'accueillit chez lui, il avait déjà prévenu les pompiers avant de se souvenir que chaque matin la petite fille restait seule chez elle. Il avait été terrifié à l'idée qu'elle puisse ne pas pouvoir sortir de la maison à temps et il aurait été prêt à se jeter dans la brasier pour la retrouver.

Elle ne réalisait pas ce qui venait de se passer. Intérieurement elle ne cessait de se répéter que ce type d'évènement n'arrive pas qu'aux autres. Elle avait dû mal à détourner son regard de ce spectacle de désolation. Le feu paradait sa danse victorieuse autour des murs qui suffoquaient imprégnés pas les vapeurs toxiques. Les flammes formaient un enchevêtrement de couleurs rougeoyantes décimant tout sur leur passage. A peine dix minutes après qu'elle eût trouvé refuge chez son voisin, la toiture et la charpente s'affaissèrent en émettant un craquement lugubre. Les murs et fenêtres résistaient mais la structure toute entière gémissait, on entendait les crépitements de souffrance. La maison tremblait d'effroi, sentant ses dernières résistances battre en retraite face à l'incendie qui poursuivait son œuvre dévastatrice. Après trente minutes de lutte acharnée, la maison s'écroula dans un dernier souffle de fumée noire. Les pompiers arrivèrent trop tard, la caserne la plus proche étant à une vingtaine de kilomètres, et ne purent que constater la tragédie. La colonie de casques luisants et d'uniformes de protection anti-feu se mit en marche pour éteindre le foyer encore chaud et s'assurer qu'il y avait pas de risque d'un nouveau départ imminent de feu. La mère d'Elisa prévenue entre temps par les voisins suivit et constata à son tour avec désespoir ce qu'il restait de leur vie, un amas de cendres et de bois carbonisé. La fillette fût marquée à vie par ce désert noir et blanc, symbole de l'anéantissement d'une vie passée. Toute la vie de la famille en fut bouleversée. Les photos, les souvenirs, les objets qui assemblés servent à construire un cadre de vie, tout ce qui faisait d'eux une famille avait été éradiqué. Pour sa mère l'explosion brutale du cocon familial conditionna les années qui suivirent, tout lien était rompu, elle s'enferma dans une routine professionnelle, seul moyen de contrôler encore un peu leur destin. Cela avait aussi été lé point de départ d'une relation nouvelle entre Elisa et sa mère, la distance s'était creusée immédiatement entre elles. Sa mère avait renforcé son pouvoir de contrôle en imposant à sa fille ses choix, en dictant son avenir, en lui inculquant les principes auxquels elle-même vouait un culte. D'une certaine façon elle avait puni sa fille pour l'incendie, en la privant d'avoir ses propres rêves, les siens étant détruits, son histoire perdue dans les oubliettes elle s'était reconstruite au travers de sa descendance.

Elle venait de déballer son histoire au Dr Bréant d'une seule traite, elle se sentait essoufflée. Le récit n'avait duré que quelques minutes, un temps suffisant pour que le fait de raviver ces souvenirs douloureux la plongent dans un état de semi-hypnose. L'espace d'un moment, les images avaient défilé comme dans un kaléidoscope, elle avait quitté le bureau miteux et poussiéreux du psychiatre pour se retrouver dans le corps de la fillette de neuf ans qui avait vu son innocence se distiller en milliers de particules grises un matin de février 1991. Lorsqu'elle sortit de sa transe, ses joues étaient trempées par les larmes, le Dr Bréant ne montrant aucun signe de compassion la fixait de ses cercles noirs. Impossible de savoir à quoi il pensait. Il prit la parole :

- Assurément cette journée soulève une vive émotion chez vous et représente un moment terrible amplifié par votre regard d'enfant. Il faut que vous appreniez à vivre dans le présent et à ranger les souvenirs dans un placard. Je pense que vos rêves sont en effet directement liés à cet évènement et au fait de l'avoir gardé pour vous jusqu'à maintenant. Il toussota puis reprit. Pensez-vous qu'il y ait un lien avec votre sentiment de malaise actuel?

- J'espérais que vous me le diriez, confessa t-elle.
- C'est à vous de faire le cheminement, de comprendre ce qui vous a mené là. Mon rôle est de vous aider à comprendre et non de vous fabriquer des réponses sur mesure.
Abasourdie par un tel manque d'empathie et de tact de la part du psy, Elisa n'osa pas insister. Elle se sentait encore plus mal et cette évocation du passé qui la hantait l'avait secouée.
- Je comprends, mentit la jeune femme.
- Très bien, dans ce cas je pense qu'une autre séance ne sera pas nécessaire.
Le jugement sonna comme une sentence, alors voilà elle avait trouvé ce qui l'empêchait de dormir donc tout était résolu. Il ne s'embarrassait pas de formalisme et elle pensa qu'il devait être blasé par son métier. Elle bouillonnait intérieurement mais elle n'était pas de nature impulsive ou colérique aussi elle ne répliqua pas et se contenta d'un "merci pour votre aide, au revoir" à l'attention du psy.

Chapitre 12 : Tourmente

Mercredi 23 avril 2003

"Cher journal,

Me revoici aujourd'hui, j'ai l'impression que ces temps-ci à chaque fois que j'ouvre les pages de mon carnet c'est pour y déverser maintes supplications et me plaindre. Je n'arrive pas à détacher mon esprit de mon dernier rendez-vous avec le Dr Bréant. Je le trouve odieux, comment peut-il penser qu'en deux séances tous mes problèmes se sont envolés? Je suis désemparée, j'ai l'impression de perdre pied. Il y a au moins une chose positive dans tout cela c'est que j'ai enfin affronté mes démons et j'ai réalisé à quel point l'incendie de la maison de mes parents avait impacté notre vie. Ma mère ne s'est jamais souciée de savoir comment j'avais vécu cet instant. La vérité c'est que je me sentais minuscule, impuissante face aux flammes qui dévoraient les chairs de la maison. Nous avons tout perdu ce jour là, notre maison, notre famille. C'est très angoissant en tant qu'enfant de perdre si brutalement ses repères. Je me suis accrochée au seul pilier qui me semblait solide : ma mère. Durant toutes ces années je suis agrippée à elle comme à un radeau au milieu de l'océan pour ne pas me noyer. J'ai tout accepté, suivi ses choix de peur qu'elle ne me rejette et pour ne pas me retrouver à nouveau seule face à une nature incontrôlable. Je m'aperçois aussi que je me suis perdue dans cette quête. Il est temps pour moi de briser la chaîne qui me retient à ce radeau de fortune. Je ferme les yeux et j'imagine comme il doit être agréable de se laisser aller sans aucune entrave, rompre le cordon qui me lie à ma mère et abandonner mon fardeau sur le rivage, couler et laisser les eaux sombres se refermer sur moi. Mais ce n'est pas la meilleure option, ce serait trop facile. Je crois que le meilleur moyen de conquérir ma liberté est de terminer mes études et suivre ma propre route. Après tout n'ai-je pas déjà entamé mon propre itinéraire en imposant à ma mère mon choix d'école? C'est donc décidé, demain je commence par aller voir le médecin pour qu'il me prescrive de quoi mieux m'endormir, je me repose quelques jours et je retourne en cours. Il n'est pas trop tard pour les partiels, il me reste environ quatre semaines."

Assise sur le lit, elle tenait le petit carnet bleu entre ses mains. Il contenait ses plus profonds secrets, ceux qu'elle ne confierait à personne pas même au psychiatre. Un sentiment d'euphorie la gagnait peu à peu, un avant-goût de liberté. Revigorée par sa décision elle se sentait prête à mener le combat, à

patienter encore douze mois, obtenir son diplôme de fin d'études et ensuite elle volerait de ses propres ailes. Confortée par cet élan d'optimisme elle téléphona à Fred un étudiant de son groupe dont elle trouva les coordonnées sur l'annuaire en ligne à disposition sur l'intranet sécurisé de l'école. Celui-ci accepta de lui photocopier ses notes de cours afin qu'elle rattrape son retard.
Le lendemain elle quitta sa tanière pour rejoindre Fred dans un café, l'étudiant lui remit les copies qu'il avait faites et lui expliqua brièvement comment elles étaient classées. L'échange fût bref et il ne posa aucune question sur son absence. De retour chez elle, elle posa la pile de notes sur un coin du bureau en se promettant de s'y pencher sérieusement le jour suivant. Elle se rendit ensuite au supermarché le plus proche pour quelques emplette: un shampoing et de quoi se cuisiner un pavé de saumon aux petits légumes. Pour une fois elle envisageait sérieusement sa soirée. D'abord elle se cuisinerait un petit dîner sympa puis elle se blottirait sous la couette en regardant une série à l'eau de rose ou un film sentimental selon la programmation télévisée du jour. Cette soirée serait la première du genre depuis qu'elle s'était cloîtrée chez elle.

Le vendredi matin débuta calmement après une nuit exceptionnellement reposante. Le soleil filtrait à travers les minuscules trappes d'aération des volets et déposait un halo lumineux sur le lit. Elle se leva nonchalamment et après le petit déjeuner elle planifia mentalement le rangement et le nettoyage complet de l'appartement. Celui-ci en avait bien besoin, la moquette de la chambre et les meubles suffoquaient sous la poussière accumulée depuis plusieurs semaines, le sol de la cuisine disparaissait sous les traces de pas ou de liquides renversés. Finalement, après avoir mis la vaisselle à tremper dans de l'eau savonneuse, elle repoussa à plus tard cette bonne résolution devant l'ampleur de la tâche. Après avoir pris rendez-vous chez son médecin pour la fin de journée, elle reporta également la mise au propre de ses notes de cours préférant s'installer à l'ordinateur. Elle se cala confortablement au fond de la chaise à roulettes et se connecta sur Msn Messenger, sa seule ouverture sur le monde extérieur depuis deux semaines. Elle consulta rapidement la liste des personnes connectées et esquissa un sourire. Parmi les accros du dialogue en ligne se trouvaient Julie son amie rencontrée en classe préparatoire mais aussi Chris alias babar59000 dont elle avait fait la connaissance huit jours plus tôt via un site de discussion en ligne gratuit appelé Caramail. Elle restait discrète sur ces escapades virtuelles ayant toujours l'impression de mal agir ou de mettre un pied sur la mauvaise voie, comme si chaque pseudo recélait systématiquement une ombre malfaisante. Au début peu à l'aise avec le langage direct des internautes elle avait rapidement pris goût à ce petit jeu dans lequel elle pouvait ne dévoiler qu'une part d'elle-même et surtout s'inventer une vie aux apparences plus fastueuses que la réalité. Un jour elle était Sabrina, brune aux yeux marrons, chargée de clientèle dans une banque, le lendemain elle était Sophie, rouquine impudique et rebelle en quête d'aventure. Parfois elle révélait son véritable prénom ainsi que son âge et son statut d'étudiante mais jamais davantage. C'est ainsi qu'elle s'était présentée à Babar59000 et leur entente grandissant au fil de la conversation elle avait consenti à celui-ci le privilège rare d'échanger leurs adresses e-mail personnelles. Elle était très réticente à divulguer cette information qui lui donnait le sentiment d'ouvrir à des inconnus une porte sur son intimité. Elle n'aurait su justifier précisément ce qui l'avait poussé en ce sens avec Babar59000, c'était peut être son attitude sur le t'chat. Contrairement à beaucoup d'autres il ne l'avait pas harcelée de questions dérangeantes sur ses pratiques sexuelles ou d'insinuations douteuses ses intentions. Il s'était présenté simplement comme deux personnes qui font connaissance et lorsqu'elle lui avait confié être en quête d'une oreille attentive car elle n'allait pas très fort ces temps -ci il n'avait pas pris la fuite, il s'était intéressé à son histoire et montré compatissant. Chaque fois qu'elle lui confiait ses déboires il la réconfortait, il lui avait même proposé à plusieurs reprises de venir le rejoindre dans le Nord le temps d'un week-end pour se changer les idées. Bien qu'assez naïve vis-à-vis des relations humaines, la jeune femme pressentait sous cette demande des attentes bien plus que virtuelles, sans pourtant être déplacées. L'ordinateur émit un signal sonore et une fenêtre de conversation clignota sur l'écran avertissant sa destinataire que Babar59000 la saluait. Elle lui répondit.

CarpeDiem75: Salut!

Babar59000: Alors comment ça va? s'enquit-il.

CarpeDiem75: Plutôt bien.

Une émoticône souriante s'afficha en retour. Elisa enchaîna.

CarpeDiem75: Je me sens mieux. J'ai pas mal réfléchi et je vais reprendre mes cours dés lundi.

Babar59000: Wouah! En voilà une bonne nouvelle. Qu'est-ce qui t'a décidé?

CarpeDiem75: Je ne sais pas, je crois que je me suis libérée d'un poids lors de ma dernière séance avec le psy. Finalement il avait raison ce n'était qu'un passage.

Babar59000: Tu vois ma belle, je t'avais dit qu'il ne fallait pas t'en faire, ce n'était qu'un petit coup de blues.

CarpeDiem75: Oui, répondit-elle suivi d'un smiley clignant de l'œil.

Babar59000: Bon alors tu viens quand?
CarpeDiem75: Quoi?
Babar59000: Oui quand viens tu me voir?
CarpeDiem75: Tu vas pas remettre ça le taquina t-elle.
Babar59000: Avoues que je te fais peur. Je ne suis pas méchant tu sais.
CarpeDiem75: Non je me doute bien, mais on ne se connaît pas vraiment.
Babar59000: Très bien que veux tu savoir?
Derrière l'écran elle rigolait et s'amusait beaucoup de ce petit jeu du chat et de la souris. Ne voulant pas le vexer elle ne poussait jamais le jeu trop loin mais restait prudente pour ne pas risquer de se faire piéger.
CarpeDiem75: Ca ne marche pas comme ça, il faut du temps pour connaître quelqu'un.
Babar59000: Tu ne fais pas confiance? Un smiley boudeur accompagnait cette dernière réplique.
CarpeDiem75: Si mais pour le moment je préfère m'en tenir à....
Elle ne put terminer sa phrase, l'écran de conversation trembla subitement comme s'il était pris de spasmes. Un autre de ses contacts venait de lui envoyer un "wizz", autrement dit un avertissement retentissant de sa présence qui avait pour effet de provoquer une secousse de l'image à l'écran. Généralement, les t'chatteurs utilisaient ce signal pour réveiller une personne trop longue à répondre ou absente mais là il s'agissait d'un autre con-

tact rencontré sur le salon virtuel, qui adorait abuser de cette fonctionnalité. De surprise ses doigts dérapèrent sur le clavier et Babar59000 eut bien du mal à décrypter le sens de *aeujiaurhj*. Il répondit par une salve de ?????

CarpeDiem75: Mes excuses, un de mes contacts vient de faire une arrivée fracassante qui m'a fait écrire n'importe quoi.

Babar59000: Je pensais qu'il s'agissait d'un message codé, plaisanta Chris.

CarpeDiem75: Non non. Lol

Babar59000: Qui est donc ce mystérieux individu qui te trouble ainsi. Chris continuait de se moquer gentiment.

CarpeDiem75: Juste une connaissance en vérité, un type que j'ai rencontré aussi sur Caramail.

Babar59000: Oh (fit-il faussement déçu) je ne suis pas si privilégié alors. Je plaisante bien sûr.

CarpeDiem75: Je sais, je vais devoir te laisser, j'ai rendez-vous chez le médecin dans une demi-heure.

Babar59000: Entendu ma belle, à plus tard.

Il lui envoya une salve d'émoticônes sonores imitant le bruit d'un bisous.

CarpeDiem75: A plus tard.

Elle bascula sur la seconde fenêtre de conversation pour abréger la discussion avec le mystérieux contact comme l'appelait Chris. Elle n'avait pas eu beaucoup d'occasions de discuter avec lui et après qu'il lui eut fait part de sa récente rupture amoureuse elle l'avait classé dans la catégorie "type lourd et ennuyeux". Pourtant il avait su éveiller sa curiosité, suffisamment au point d'obtenir le même privilège que Babar59000 (alias Chris) et leurs conversations se poursuivaient désormais aussi via Msn Messenger. Il semblait avoir un grand sens de l'humour et ne manquait jamais d'anecdotes à raconter. Pour l'heure elle n'avait pas le temps de s'attarder aussi elle lui promit de se reconnecter dés son retour. Elle interrompit la connexion puis éteignit l'ordinateur.

Quelques minutes plus tard elle se trouvait devant une lourde porte cochère peinte en bleu nuit, sur la droite une plaque dorée indiquait "Dr Evelyne Senou - Médecin Généraliste". Elle chercha le nom sur l'interphone et sonna. La porte émit un couinement puis se déverrouilla. Elisa était déjà venue voir le docteur Senou pour divers ennuis de santé courant comme une angine ou une toux persistante. Toujours très ponctuelle la doctoresse la reçut aussitôt. La jeune résuma en quelques phrases les motifs de sa visite, faisant part de ses problèmes de sommeils, décrivant son coup de blues passager sans omettre les séances chez le psychiatre. Le Dr Senou jugea l'état général de sa patiente satisfaisant et lui prescrivit néanmoins un anxiolytique pour dix jours, du lexomil qu'elle devrait prendre chaque soir. Le médicament était destiné à la détendre et à lui éviter l'anxiété nocturne. D'ici quelques jours le sommeil devrait reprendre son cycle normal, lui avait-elle affirmé.

Le soir venu, fidèle à sa promesse elle connecta sur Messenger où son mystérieux inconnu piaffait d'impatience. Il l'accueillit avec une salve d'émoticônes joyeux et souriants. Ils lancèrent tous deux la conversation en mode vidéo comme à chaque fois. Tout comme Babar59000 elle l'avait rencontré sur Caramail et lui avait aussi fait part de ses petites baisses de moral. Contrairement à Babar59000 qui faisait preuve d'une grande sollicitude, lui avait un avis bien tranché sur le sujet et il lui avait clairement exprimé : "*Tu sais, la vie aussi difficile soit-elle, vaut la peine qu'on se batte pour avancer. Dis toi qu'il y a toujours pire que soi, et que tout ce qui ne tue pas te rend plus fort.*" Il paraissait avoir vécu de douloureuses expériences personnelles et derrière son inexorable sens de l'humour Elisa devinait un caractère très affirmé et combatif. Cet aspect de sa personnalité l'attirait, la rassurait, il dégageait un sentiment de sécurité. C'était probablement ce qui l'avait poussée à prolonger leurs échanges malgré son a priori du départ. Les apparences sont souvent trompeuses, et les échanges virtuels compromettent bien souvent la vérité. Les pseudonymes, la manière dont les mots sont employés contribuent largement à induire le jugement en erreur. Les mots prononcés et les mots écrits ne renvoient pas la même image, leur sens se perd dans l'interprétation qu'en fait leur destinataire. Ainsi un "je n'ai pas le temps" signifiera bien souvent "ça ne m'intéresse pas", un " tu es très belle sur la photo" se transformera en "je cherche une aventure et tu me branches bien". Malgré cela, un esprit averti pouvait lire entre les lignes et se forger une première idée sur la personne de l'autre côté. Employés ingénieusement les mots qui gravitent dans l'espace virtuel des salons de t'chat peuvent servir à manipuler, à influencer celui ou celle qui les reçoit tels quels. Fort heureusement, Elisa en avait bien conscience et son subconscient la guidait dans le décryptage. Une part d'elle-même subodorait que le mystérieux internaute était un individu qui savait se servir des mots comme d'une arme, qui savait les utiliser à son avantage mais qui ne trichait pas avec elle. De toute façon elle en aurait bientôt le cœur net. Toute à ses réflexions sur le sens caché des mots la conversation allait bon train, elle questionnait son interlocuteur sur la raison de sa présence chez lui un vendredi soir à une heure à laquelle il travaillait habituellement. Il lui apprit qu'il était rentré prématurément suite à

un accident de travail: la maladresse d'un ouvrier avait provoqué la chute d'un palan qui avait percuté la remorque sur laquelle il travaillait déséquilibrant l'édifice. Il était alors tombé de deux mètres de haut et en heurtant le sol son genou gauche avait émis un craquement peu rassurant. Après un passage aux urgences qui avait duré près de cinq heures, le verdict était tombé : une belle lésion du ménisque associée à un gros œdème qui se remettrait à condition de se reposer. Il écopait donc de quinze jours d'arrêt de travail.
- Oh là là, tu as du avoir bien mal? s'était -elle inquiétée.
- Non non ça va, je suis costaud.
- Tant mieux, reposes toi surtout.
- Je vais essayer mais rester à ne rien faire ça va être dur.
- Si tu veux je viens passer quelques jours avec toi, ce sera moins long proposa alors l'étudiante.

Surpris de cet élan de sympathie il ne répondit pas de suite. Quant à Elisa, les mots lui avaient échappé. Mais qu'est-ce qui lui prenait? Elle ne le connaissait même pas, cela allait à l'encontre de toutes ses convictions et de tout principe de prudence. La décision s'était imposée à elle comme une évidence, elle avait très envie d'être auprès de lui. Elle fit taire la voix en elle qui lui susurrait qu'elle avait tort, comme elle avait eu tort dans le passé, lorsqu'elle avait croisé la route d'un barman trop séduisant pour être honnête, et lui avait offert sa virginité. Elle estimait cette fois la situation bien différente, il n'était nullement question d'enfreindre quelque règlement que ce soit, et surtout il n'était pas question de sexe ou de relation amoureuse. Il s'agissait simplement d'une preuve d'amitié et de solidarité. Mais lui comment voyait-il les choses? Elle préféra ne pas y penser et sa résolution de reprendre les cours le lundi suivant attendrait bien une semaine de plus après tout. Sitôt dit, sitôt fait en moins de dix minutes elle avait réservé un billet de train sur le site de la SNCF et programmé son arrivée à la gare de Lille Flandres pour le lundi 28 avril à 11h44 où elle rejoindrait son inconnu du web. Elle ne connaissait de lui que son visage souriant sur la webcam mais elle n'était pas inquiète.

Chapitre 13: Du virtuel au réel

Lundi 28 avril 2003

Elle était là, elle se tenait seulement à quelques mètres de lui. Ses cheveux châtains, lâchés sur les épaules, flirtaient avec la légère brise qui filait le long des quais de la gare. Elle portait un manteau en laine gris foncé, cintré à la taille et un pantalon noir très chic. Sa démarche semblait assurée malgré de hauts talons. Un foulard rose et mauve enveloppait son cou, achevant parfaitement sa tenue et donnant de la couleur à son visage de poupée. Elle était légèrement maquillée, juste ce qu'il fallait pour faire ressortir l'éclat de ses yeux. Ses lèvres fines incarnaient la douceur. Il l'avait déjà vue sur la webcam mais il ne s'était pas attendue à la trouver si belle, si captivante. Engoncée dans son manteau, le regard perdu en quête de celui qui l'attendait, elle paraissait fragile. Les traits fins de son visage supportaient le poids d'une tristesse enfouie, ses yeux trahissaient la délicatesse de son âme et son besoin d'être protégée. Il aurait voulu courir vers elle, la serrer dans bras, respirer son parfum, la rassurer avec des mots simples, être son bouclier face aux épreuves de la vie, mais s'il se comportait ainsi il prendrait le risque de la voir s'évanouir comme une chimère.

Tandis qu'elle avançait vers lui, elle se demandait ce qu'il adviendrait de cette rencontre, c'était de la folie. Elle s'apprêtait à séjourner dans une ville dont elle ignorait l'existence huit jours plus tôt, et ce avec un homme qu'elle ne connaissait qu'au travers de leurs échanges virtuels. Elle pouvait encore faire demi tour, remonter dans le train et s'enfuir. Et s'il ne venait pas au rendez-vous? S'il ne l'attendait pas comme promis dans la gare elle aurait l'air bien bête, elle se maudissait de sa naïveté et doutait de plus en plus du bien fondé de sa présence à Lille, à 300 kilomètres de chez elle. Alors que le doute prenait possession d'elle, son corps continuait sa route, son regard balaya l'assistance, passant d'une femme qui tractait une poussette où dormait un nourrisson, à un couple d'amoureux échangeant un baiser passionné. Non loin d'eux un homme d'une quarantaine d'années guettait les voyageurs à leur arrivée, probablement dans l'attente d'une femme. Les yeux clairs de l'étudiante sondaient chaque personne avec la même interrogation qui revenait à chaque fois : est-il là? Son attention se fixa soudainement et un frisson de soulagement et de plaisir mélangés lui parcourut l'échine. Il était là à moins de cinq mètres adossé à un panneau publicitaire. Elle s'approcha un peu décontenancée par la tenue qu'il arborait : un ensemble de sport bleu gris assorti d'une paire de baskets à demi

usées. Ses cheveux châtains également étaient désordonnés et rebelles, son visage ne dégageait aucune expression définissable. Etait-il content de la voir ou bien déçu? Il s'attendait peut être à un tout autre style de fille, plus jolie, plus raffinée ou plus sexy...Pourtant il savait à quoi elle ressemblait puisque chacune de leurs conversations, sauf la première, avait eu lieu à visage découvert. Il avait même acheté une webcam exprès pour cela, lui faisant promettre de les utiliser mutuellement s'il s'en procurait une dés le lendemain. Elle avait d'abord pris ça pour une blague, mais était tombée des nues lorsque le jour suivant elle avait constaté qu'il avait tenu parole. Depuis, l'objet était devenu indispensable à leurs discussions d'autant qu'il semblait avoir du mal à taper au clavier, il n'était pas un expert en utilisation d'ordinateur. Finalement, il lui sourit et elle relâcha tout la tension accumulée depuis sa descente du train.
- Bonjour Elisa, bienvenue dans le Nord.
Elle se racla la gorge.
- Bonjour Vincent.
Les masques venaient enfin de tomber. Vince59 et Carpediem75 n'étaient plus de simples pseudos, leur identité se révélait l'un à l'autre. Bouleversante. Voilà ce qu'elle représentait pour lui à cet instant. Sa voix résonnait avec une douceur infinie, un ange venait d'entrer dans sa vie et tandis qu'il l'accompagnait à l'extérieur de la gare pour re-

joindre sa voiture, Vincent eut la conviction que cette rencontre n'était pas fortuite. Un phénomène inexplicable se produisait, un changement s'amorçait dans sa vie de célibataire indépendant et quand le moment serait venu il serait prêt.
- Tu as fais bon voyage? la questionna t-il.
- Oui, le trajet Paris- Lille n'est pas très long. C'est ta voiture? demanda t-elle en désignant une BMW gris métal garée sur un emplacement réservée aux livraisons.
- Exact! Attends poses ton sac sur la banquette arrière, le coffre est rempli d'un tas de bazar.
Elle s'exécuta. Au moment de s'installer à l'avant de la voiture elle lui jeta un regard interrogateur. Une dizaine de cannettes de Cola vides et de paquets de cigarettes froissés s'entassaient au pied du siège passager.
- C'est rien ça, pousses tout!
- Ok! fit-elle dubitative.

Elle n'osa rien dire mais cet amas de détritus, la voiture d'aspect peu récent et sa tenue très décontractée la mirent mal à l'aise. Elle réalisa qu'elle ne connaissait pas vraiment Vincent. Il était trop tard pour rebrousser chemin. Et s'il l'agressait, comment se défendrait-elle? Personne ne savait qu'elle était ici. Elle avait bouclé sa valise et réservé son billet en tout hâte sans se préoccuper des risques éventuels. Elle pria pour avoir fait le bon choix. En plus de tout cela, Vincent se montra peu bavard sur le trajet qui menait à Halluin, sa ville natale. Elle découvrit avec un étonnement non dissimulé qu'il vivait sans une zone de semi campagne qui lui rappela la Normandie de son enfance, les maisons dataient des années 1930 toutes construites sur le modèle typique de la région : les petites maisons flamandes , mansardées, bâties sur des murs de briques rouges. Le quartier où résidait le jeune homme se décomposait en trois rangées de maisons identiques desservies par des servitudes piétonnes et emboîtées les unes aux autres comme des Lego. L'agencement symbolisait bien l'esprit de solidarité encore très ancré dans les mentalités des habitants de ces petites zones rurales. La maison où vivait Vincent appartenait à ses parents et contrastait par la couleur ocre de ses briques et par ses dimensions imposantes. Très fier de l'histoire de sa famille, il avait expliqué à la jeune fille qu'initialement la maison était bien plus petite et vétuste. Lorsque l'opportunité s'était présentée, ses parents s'étaient portés acquéreur de la maison voisine laissée à l'abandon après le décès du propriétaire. Ainsi ils avaient pu abattre la cloison qui séparait les deux bâtisses pour agrandir leur propriété qui s'étendait désormais sur 150m2, et comptait cinq grandes chambres ainsi qu'un bureau à l'étage.

Elisa fut époustouflée par cette maison pleine de charme bien qu'elle ne vit que l'extérieur. De cette immense maison se dégageait la force du lien familial, elle était à l'image de ses occupants : forte en caractère, impérieuse, solide et rassurante. Ils ne firent qu'une brève halte puis Vincent conduisit la jeune étudiante pour qu'elle y dépose ses affaires, dans un charmant petit hôtel du centre ville, "Le Lion des Flandres" qui proposait également un service de brasserie et de restaurantation gastronomique. Les propriétaires du lieu accueillirent chaleureusement leur nouvelle cliente qui savoura leurs attentions et leur générosité. C'était une véritable bouffée d'oxygène en comparaison des minois parisiens à qui il fallait arracher des sourire forcés. Ici c'était pléthore de sourires et de politesse. Un adage bien connu dit que les gens du Nord ont le soleil dans le cœur, Elisa n'aurait jamais pensé que cela fut si proche de la réalité. La suite de son séjour acheva de l'en convaincre.

Elle passa ses journées entières avec Vincent, ils apprirent à se connaître, se baladèrent à travers les bois ou les champs, midi et soir il l'invitait dans divers restaurants où elle goûta plusieurs plats typiques de la région qu'elle ne connaissait pas jusque là, dont les fameuses carbonnades flamandes. Un véritable délice. Vincent qui avait toujours vécu dans la région et ne voyageait jamais au-delà de la frontière belge, située à quelques centaines de mètres, accueillit avec un soupçon de moquerie l'étonnement de la jeune femme à chaque nouvelle découverte gustative. De son côté elle était embarrassée de le voir tout payer, et craignait qu'il finisse par penser qu'elle profitait de sa bonté. Cependant elle ne protestait plus depuis qu'il l'avait menacée de la remettre dans le train en direction de Paris si elle déboursait le moindre centime. Peu habituée à tant de faveurs et d'intérêt elle y avait vite pris goût, toutefois elle s'interrogeait parfois : agissait-il ainsi avec toutes les jeunes femmes qu'il rencontrait? Etait-ce une manière pour qu'elles se sentent redevables? Ensuite elle se traitait de paranoïaque.

Ce court séjour lui permit de mieux comprendre qui était Vince59, un jeune homme célibataire, frisant la trentaine, solitaire et très indépendant. Il savait ce qu'il voulait et ne laissait personne lui dicter sa conduite. Elle se sentait particulièrement en sécurité avec lui et le malaise des premiers instants s'était dissipé pour se transformer en complicité. En quelques jours, ils avaient tous deux l'impression de se connaître depuis toujours et elle profitait pleinement de ces instants en sa compagnie. A tel point qu'elle en avait oublié sa vie à Paris, ses études, sa mère, ses soucis et ne prenait plus les comprimés prescrits par le Dr Senou.

Le vendredi arriva, elle songea à contrecœur qu'il serait peut être temps pour elle de rentrer, et de profiter du reste du week-end pour enfin mettre à jour ses notes de cours en prévision de sa reprise le lundi suivant. Assise dans sur le lit de sa chambre d'hôtel, elle contemplait sans vraiment les voir les murs rayés aux teintes passées, comme si elle cherchait entre les lignes la réponse à toutes ses questions. Elle se sentait bien dans cette chambre à la moquette usée par les passages de voyageurs d'un soir, la commode et la table de chevet anciennes lui donnait des airs d'authenticité et d'histoire. Ici elle était une nouvelle personne, on ne la connaissait pas mais personne ne la jugeait, personne ne lui indiquait quel chemin emprunter, on la laissait vivre sa vie et elle adorait ça. Mais elle devait revenir à la réalité, retourner à Paris, réintégrer son appartement plus moderne que la chambre où elle avait séjourné toute la semaine, reprendre la direction de l'école et revêtir l'uniforme de la petite fille parfaite, studieuse, prude, celle que sa mère avait fabriqué pendant vingt-deux ans. Pendant une semaine elle l'avait soigneusement rangé dans un placard pour vivre pleinement et laisser sa véritable personnalité s'exprimer, se façonner, se confronter au monde extérieur. Elle s'était sentie si vivante au travers du regard de Vincent, il prenait en considération ses opinions, il l'écoutait, lui portait de l'attention. Il lui avait même offert, à l'occasion d'une excursion dans une magasin de jouets, un œuf parlant avec petit pous-

sin à l'intérieur qui chantait *Piou Piou* à chaque fois qu'on ouvrait sa coquille. Si ce geste l'avait surprise elle ne s'était pas attendue à la déclaration qui l'avait accompagnée : *à chaque fois que tu l'ouvriras tu penseras à moi et tu ne seras plus triste.* Cette attention minime aux yeux de la plupart, l'avait émue au plus profond et renforcé le lien entre les deux jeunes gens. Désormais, elle avait la certitude d'avoir fait le bon choix, il ne jouait pas avec elle, mais elle avait conscience de l'ambiguïté de leur relation, malgré leurs avis respectifs sur le sujet. Cela rendait encore plus difficile l'idée de repartir, elle craignait de ne plus jamais être heureuse comme elle l'était en ce moment. Mais pendant qu'elle vivait un rêve éveillé le monde continuait de tourner et elle n'avait d'autre choix que de mettre un terme à ce séjour.
Elle fit part de sa décision à Vincent lorsqu'il vint la chercher ce matin là. Celui-ci acquiesça sans même chercher à la retenir, ce qui la blessa.
- Tu es pressé que je m'en ailles?
- Non pas du tout, fit-il mine d'être offensé. Je comprends que tu as aussi ta vie et tes obligations, je trouve génial que tu aies pu trouver quelques jours à passer avec moi.
- D'accord, soupira t-elle un peu plus rassurée.
Ils se rendirent à la gare où elle acheta un billet de train pour le samedi matin, cela lui

laissait encore une journée avec Vincent qui lui avait réservé une surprise. Il l'amena chez lui, dans la semaine les rares fois où ils étaient venus c'était tard le soir pour éviter de croiser l'encombrante belle-mère du jeune homme, qui se serait empressée de poser mille et une questions à Elisa. Après avoir maintenu le suspens sur tout le trajet, il la conduisit dans l'atelier où il dessinait au fusain. Il ne lui avait pas encore parlé de ce jardin secret et il avait préparé à la jeune femme une surprise qu'elle ne soupçonnait pas.

Lorsque la porte de l'atelier dévoila l'univers du jeune homme, Elisa eut le souffle coupé. La pièce regorgeait de merveilles, posées contre les murs s'étalaient des dizaines de corps nus aux courbes charnues et sensuelles, des visages tristes, des expressions rieuses, incertaines, de la mélancolie parfois. L'atelier était un vaste océan d'émotions figées pour l'éternité sur ces toiles. Sur la gauche était disposé le matériel soigneusement rangé, les toiles vierges à plat sur une table, les fusains dans leurs boîtes, des chevalets, petits et grands. Elle fut fascinée par les regards, attirée par les corps qui se dénudaient sans pudeur, c'était extraordinaire. Vincent était un véritable artiste.

- C'est toi qui as dessiné toutes ces toiles? s'exclama t-elle avec une pointe d'émotion dans la voix.

- Oui répondit-il doucement. C'est ici que je viens lorsque j'ai besoin de calme. Regardes j'ai un cadeau pour toi.
Encore un cadeau. Décidément elle était comblée. Absorbée dans sa contemplation elle n'avait pas encore aperçu le chevalet qui trônait au fond de la pièce recouvert d'un tissu blanc.
- Qu'est-ce que c'est?
- Une surprise...
- Je peux? demanda t-elle en tendant la main pour soulever le drap. Elle était impatiente.
- Vas-y...

Il guettait ses moindres réactions. Elle devinait que le drap masquait une toile mais elle resta sans voix lorsque le mince voile de coton glissa entre ses mains, dévoilant l'incarnation de la sensualité, de la douceur, l'essence même de la féminité. Les courbes du visage étaient pures, la chevelure qui l'entourait déroulait une cascade de boucles légères et raffinées. On pouvait deviner sous les nuances de gris, le teint de soie rose et de petites dents à peine visibles derrière des lèvres fines. Au dessus d'un nez aux traits si fins, qu'on le distinguait à, peine s'érigeait un regard effilé, profond dans lequel Elisa plongea. Au-delà de l'écume flottant sur les iris de ce visage féerique, s'étendait un océan d'expressions, d'émotions semblant voguer au creux des prunelles esquissées par les mains habiles de l'artiste. Comment s'y était-il pris?

A chaque vague l'océan charriait une expression différente, balayant tantôt la tristesse tantôt la joie de vivre, attisant la colère qui s'éteignait sous le joug de la patience ou de la gentillesse, alliant la sensibilité à la volupté, défiant le monde extérieur en lui imposant de s'agenouiller, forçant le respect. Comment était-ce possible? A l'instant où le portrait avait renvoyé son reflet, Elisa s'était retrouvée dans cette chair noire et blanche. Cependant la femme voluptueuse qui l'observait fixement la bouleversait, car elle symbolisait ce qui était enfoui dans les profondeurs de son âme. Vincent avait su transpercer la coque de son âme pour y puiser l'essence d'une fragrance nouvelle. Il ne comprenait pas Elisa, il la devinait, il lisait en elle, il pénétrait son inconscient. A la fois émerveillée et subjuguée elle ne trouva pas les mots, ce fut lui qui rompit le silence qui les entourait.

- Je l'ai réalisé après notre première "rencontre" en conversation vidéo sur Messenger.

- Je ne sais pas quoi dire, balbutia t-elle émue.

Il s'approcha d'elle, elle crut un moment qu'il allait l'embrasser. Elle imagina ses lèvres sur les siennes. Mais il n'en fit rien. Elle fut tentée de se jeter à son cou, de lui arracher un baiser passionné, mais elle retint cet élan soudain. Qu'est-ce qui lui prenait? Ses yeux rencontrèrent ceux du jeune homme. L'éclat ardent de ses prunelles déclencha une onde de chaleur

dans tout son corps. Etait-elle en train de tomber amoureuse? Elle aurait payé cher pour connaître ses pensées en cet instant précis. Il brisa le silence qui les entourait.
- Alors ne dis rien, c'est bien aussi.
- C'est magnifique? Je peux l'emmener chez moi?
- Bien sûr, il est pour toi.
Il décrocha la toile du chevalet, l'enroula et l'inséra dans un étui cartonné qu'il lui remit.
-Merci Vincent. Elle posa un timide baiser sur la joue du jeune homme. A ce simple contact, son cœur fit une embardée. Son parfum l'émoustillait. Elle rêvait de se blottir dans ses bras, fantasmait sur cet homme. Il l'attirait au-delà de l'amitié, c'était indéniable. Après une hésitation elle ajouta : je ne sais pas pour quelle raison, je te connais depuis très peu de temps mais je sens que je peux avoir une confiance absolue en toi.
Cette confiance, elle la lui avait déjà accordé tout au long de la semaine, elle s'était abandonnée auprès de lui, elle avait livré à Vince59 tout ce que personne d'autre ne voyait et il avait butiner dans le jardin secret de la jeune femme aussi discrètement qu'une abeille, pour savourer le nectar de son âme. Elle l'avait laissé pénétré l'interdit, sonder les abysses de son inconscient, et lorsque la porte de l'atelier se referma derrière eux elle comprit que non seulement il savait tout d'elle mais il l'acceptait telle qu'elle était, il ne ju-

geait pas les tourments qui jonchaient son esprit. C'était enivrant et elle en avait le vertige, ouvrir son cœur, dévoiler les profondeurs de son âme est un exercice aussi complexe que de marcher sur une corde raide tendue au dessus du vide, on peut vite s'y perdre. Même le psychiatre n'avait pas su réalisé ce tour de force et comprendre ce que cachait ce visage angélique.

Le samedi matin arriva trop vite, Vincent l'accompagna jusqu'au départ du train, elle profita de ces dernières secondes avec nostalgie et mélancolie. Cette fin de semaine marquait aussi la fin d'une étape, le dernier instant agréable de sa vie, un répit, un bref passage de lucidité qui s'empare de l'âme avant que celle-ci ne sombre dans les ténèbres glacials et obscurs de la mort. Les portes du train se refermèrent sur Elisa à la manière d'un couperet qui tombe. De son côté Vincent rentra chez lui avec la même nostalgie et avec l'espoir de retrouver dans quelques heures Carpediem75 pour de nouvelles discussions en ligne, pour tenter de prolonger encore un peu la magie de la semaine.

Chapitre 14 : Déconnection

Dimanche 4 mai 2003

Le retour en train de la veille avait passé à toute vitesse. Encore plongée dans l'euphorie de sa semaine aux côtés de Vincent, Elisa avait tout fait pour prolonger au maximum cette sensation, mais l'arrivée en Gare du Nord à Paris l'avait brutalement confrontée au monde réel. Les gens se bousculaient, certains couraient pour attraper une correspondance, d'autres s'engueulaient, des touristes paniqués cherchaient un taxi. L'immense hall de gare était peuplé d'inconnus arpentant le béton gris et froid, de visages monotones, d'épaules affaissées portant le fardeau d'un quotidien morose, de regards rivés aux tableaux d'affichages, de valises que l'on trainait lourdement. L'odeur nauséabonde des sous-sols parisiens, mélange subtil de sueur, d'urine, de parfums âcre achetés à la sauvette, remontait à la surface et déposait sur la peau une pellicule poisseuse indiscernable mais tenace, avant de s'infiltrer sans ménagement dans les narines. Des centaines d'individus, englués dans un quotidien et un mode de vie sans surprise grouillaient dans ces dédales obscurs, enjambant la misère avec dédain, recalant dans un coin de leur mémoire photographique l'image furtive d'anonymes, qui tentent vainement de percer la carapace de la morosité ambiante, par la complainte lugubre d'un saxophone ou les martèlements solennels des tam-tam. A Paris, les couloirs de carrelage blanc du métro regorgent de ces individus laissés pour compte, qui implorent chaque jour les passants de leur offrir un peu d'espoir sous la forme d'un sourire, d'un regard ou qui quémandent une pièce pour se nourrir. Cependant, embourbés dans un marécage de faciès fermés, de regards vitreux, de corps rigides, de mépris parfois, ils passent inaperçus. Les voyageurs défilent tels de petits soldats de plombs aux gestes précis et coordonnés mus par l'objectif commun que leur impose la société de consommation : travailler pour dépenser, dépenser pour vivre et vivre pour travailler. Un cercle vicieux et sans fin.

Après une semaine passée dans l'insouciance la plus totale, elle avait trouvé le repos dont elle avait besoin. Elle s'était délectée des plaisirs les plus simples, tel que cueillir des fleurs dans les champs, s'émerveiller devant les couleurs chatoyantes d'un faisan, se balader au bord d'un lac, partager avec complicité et tendresse des instants privilégiés aux côtés d'un homme objectif et impartial. Dans la petite ville d'Halluin, les gens marchent dans la rue et vous rendent vos sourires, ils prennent le temps de s'arrêter devant le kiosque à journaux, de compatir devant les gros titres. Les automobilistes ne klaxonnent qu'en cas d'extrême nécessité, courtoisie et politesse sont les maîtres mots des habitants de la région. Leur bonne humeur est palpable à chaque coin de rue, les bâtiments respirent la gaieté, les jardins sont fleuris, les pelouses entretenues. Entre deux zones pavillonnaires, on croise parfois quelques chèvres ou des lièvres qui traversent les plaines en sautant allègrement, les rues ne débordent pas de véhicules en surnombre, l'air est sain, et seul le jour du marché hebdomadaire apporte son lot de brouhahas, une musique bien douce en comparaison du vacarme de l'orchestre parisien. Pour Elisa, cette semaine avait été une brèche dans un monde parallèle. Comment pouvait-il exister de tels disparités dans les comportements humains et dans les modes de vie? Elle comprenait maintenant pourquoi, à part de rares exceptions, les espèces marines peuplant les océans ne pouvaient cohabiter avec leurs congénères des eaux douces. Elle venait d'en faire l'amer constat et avait goûté aux délices de cette eau pure où vivait une autre espèce humaine très proche en apparence de ses homologues parisiens, mais en vérité si éloignée dans ses mœurs. Cette différence, cette générosité qui caractérise les gens du Nord, la chaleur de la petite ville d'Halluin l'avaient séduites et elle ne pouvait ignorer le coup de cœur qu'elle avait pour celle-ci.

En descendant du train, la jeune étudiante fut saisie par le contraste de cette jungle urbaine comparée au calme et à la pureté de l'air de la petite bourgade du Nord où elle venait de séjourner. Elle avait momentanément oublié ce qu'était le tumulte des grandes villes. Happée par cette course folle, elle fut contrainte de se joindre aux participants pour regagner son appartement. Elle s'empressa de se frayer un chemin parmi la foule, progressa sans se retourner terrifiée à l'idée qu'elle pourrait rester prise au piège de ce manège infernal. Elle parvint chez elle essoufflée, à bout de forces, manquant d'oxygène et surtout ne désirant plus qu'une chose : fuir cette vie, ne plus revoir ces visages répugnants qui la hantaient à chaque fois qu'elle empruntait les transports en communs, ne plus baigner dans les odeurs pestilentielles de ce monde parallèle. Le samedi 3 mai 2003 fut une date qu'elle n'oublierait pas de sitôt. Ce jour là tout bascula, ses certitudes, ses convictions, son désir de faire ce qu'on attendait d'elle, sa volonté de terminer ses études, tout avait volé en éclat sur le quai de la gare. Une tempête se souleva au cœur de son inconscient et la coque de son esprit fut foudroyée, permettant à des torrents de rêves refoulés, de désirs inexaucés, de besoins inassouvis de se répandre en elle. Pour la seconde fois en un mois, elle remit en question sa vie, mais cette fois ça ne concernait pas uniquement ses études mais son existence toute entière, sa raison d'être. La digue de son existence venait de céder et s'apprêtait à la noyer dans un chagrin sans fin qui la submergea à son retour. Toutes vannes ouvertes, les larmes inondèrent son corps, la recouvrirent comme si elles avaient voulu lui ôter la pellicule poisseuse des odeurs du métro qui lui collaient encore à la peau, comme si elles pouvaient effacer ce moment de sa vie mais c'était impossible et la jeune femme le savait. Désormais, elle passerait chaque jour de sa vie avec le regret de n'avoir pas su s'élever face à sa mère, de ne pas avoir su forger ses propres opinions, d'avoir cru que la seule manière d'exister, était de suivre la route tracée par une éducation qui se voulait être la meilleure, d'avoir pensé qu'on ne pouvait s'épanouir en tant qu'être humain à part entière qu'en obtenant la reconnaissance d'autrui, et avec la naïveté de ne pas avoir compris, que la véritable liberté réside dans la possibilité que chacun a de faire des choix. Elle passa tout de même la soirée à discuter en ligne avec Vincent à qui elle confia son désarroi, sa frustration et le sentiment de vide qui l'avaient envahit à son retour dans la capitale. Le sourire de ce dernier sur la webcam lui fendit le cœur, lui rappela ce bref interlude dans sa vie, à quel point elle était prisonnière de sa propre existence. Elle échangea brièvement avec Chris alias babar59000 également connecté. Vers 23h00 elle décida d'interrompre toute conversation et d'aller se coucher, elle se sentait épuisée, désorientée. Durant toute la nuit l'ouragan fit rage dans sa tête, et elle se réveilla avec une horrible migraine le dimanche matin. Son corps s'était vidé de toute énergie, elle n'arrivait plus à penser, elle agissait par automatisme tout comme elle l'avait fait le matin du 8 avril lorsqu'elle avait rebroussé chemin en arrivant à l'école. Tout cela n'augurait rien de bon. Elle ne prit pas la peine de déjeuner, son estomac se soulevait rien qu'a l'idée d'avaler quoi que ce soit. Elle s'assit sur le lit et porta son regard sur les murs bleus ciel, une couleur qui lui avait jusque là semblé bien reposante mais qui lui semblait fade ce matin. Son regard obliqua ensuite vers l'armoire, puis s'attarda sur l'étagère qui servait de bibliothèque. Cette bibliothèque concentrait toute sa vie d'étudiante, contenait tous ses livres, ses classeurs, tout ce qui la mènerait à la réussite à laquelle sa mère aspirait pour elle. La lassitude s'empara d'elle, un poids énorme lui écrasait les épaules et la poitrine, elle se sentait oppressée, et sombrait lentement dans le désespoir. Elle ne pourrait jamais revenir en arrière, jamais connaître une autre vie que celle que sa mère voulait pour elle. Elle aurait tant aimé pouvoir tout abandonner là et changer de cap, suivre une nouvelle piste où elle laisserait ses propres empreintes, mais elle ne pouvait pas elle était coincée ici , dans ce petit appartement dont sa mère payait le loyer. C'était elle aussi qui subvenait aux besoins alimentaires de sa fille qui n'avait que peu de temps pour un job à côté de ses études, sa mère avait habilement manipulé et orchestré sa vie pour qu'elle demeure à sa merci et ne puisse s'échapper. Elle étouffait intérieurement, elle la haïssait, elle devait sortir de ses griffes, elle avait déjà trop repoussé ses limites, le poids qui lui enserrait la poitrine s'alourdissait de plus en plus. Subitement, elle eut l'impression d'imploser, ne contrôlant plus ses émotions, elle se leva, empoigna les livres de cours parfaitement classés par matière sur l'étagère, bien droits attendant qu'on ait besoin d'eux et elle déchira les pages. D'abord une à une puis par paquets. Elle s'acharna à les démantibuler, à les démembrer jusqu'à ce qu'ils gisent éparpillés sur le sol, la comptabilité fricotant avec l'économie, l'anglais et l'espagnol formant de nouveaux codes linguistiques. Chaque page arrachée la faisait sourire de façon démente, elle les torturait, leur faisait subir le calvaire qu'elle avait enduré, elle cherchait à les punir d'avoir imbibé son cerveau de connaissances théoriques, financières, commerciales ou encore juridiques. Lorsque les manuels de cours dévastés par tant de rage ne lui suffirent plus à assouvir sa colère, elle s'en prit aux classeurs qu'elle déposséda de leurs pages. La moquette disparaissait sous les monticules de feuilles éparses, elle s'y allongea et s'y prélassa comme dans un bain, puis s'abandonna au chagrin. Seule fut épargnée la sacoche de cours cachée sous le bureau hors de son champ de vision. Elle sanglotait, gémissait de désespoir, elle ne voulait plus de cette vie. Elle n'était plus qu'une poupée de chiffon ramollie, dénuée de toute conscience. Elle venait de franchir la frontière qui sépare le corps et l'esprit, son cerveau ne guidait plus ses actes, n'agitait plus les ficelles des automatismes, elle déconnectait totalement du monde extérieur. Les multiples connections neurologiques court-circuitaient les unes après les autres. Son corps venait d'enclencher le mode "sécurité" en débranchant le système d'alimentation générale laissant son esprit à l'abri derrière l'enveloppe charnelle comme un nouveau né dans le ventre de sa mère. Elle était dans une bulle où rien de pourrait l'atteindre.

Elle demeura plusieurs heures allongée sur le sol au milieu de ce qui avait été sa vie d'étudiante. Toute notion du temps avait disparu, elle n'éprouvait aucune sensation. Après avoir été la marionnette de sa mère pendant vingt-deux ans, elle était désormais un pantin désarticulé dont les yeux immobiles fixaient le vide. Son esprit chamboulé par ce séisme avait cessé toute réflexion. Le petit appartement resserrait l'étreinte de ses murs autour d'elle. Aucun parasite ne transpercerait la bulle de confort et de sécurité dans laquelle elle se réfugiait désormais pour ne pas affronter la réalité. Son état mental à cet instant frisait la démence, elle était proche d'une folie incontrôlable. Il serait difficile de décrire précisément ce qui la maintenait encore connectée à la réalité. La dépression est un phénomène vicieux qui s'introduit dans les méandres encore inexplorées du cerveau humain. Elle se nourrit de la tristesse, de la douleur, de l'anxiété, de la naïveté. Jamais rassasiée, elle puise dans les réserves sans fin du subconscient, ce qui fait de chaque individu une cible potentielle. Sournoise elle guette l'instant propice où l'esprit est si affaibli par l'accumulation d'évènements douloureux, d'angoisses, d'incertitudes, de désirs refoulés, de choix en suspens, qu'il n'est plus en mesure de lutter. La dépression profite de cette faille pour répandre son venin, le cerveau et le corps commencent à émettre des signaux d'alerte bien souvent imperceptibles. Les symptômes sont généralement attribués à des coups de blues passagers mais à la manière d'un virus, la dépression sait se mouvoir, se cacher, rester en sommeil jusqu'à ce que tombent les derniers remparts. Intelligente elle diffuse des ondes positives pour induire la conscience dans l'erreur, elle lui envoie des messages de guérison, obligeant ainsi la mécanique du cerveau à se remettre en route.

Chaque cellule reprend son train-train quotidien ignorant que tout cela n'était qu'une diversion momentanée pendant laquelle elles ont baissé la garde. Ainsi la dépression a pu étudier la routine de ces milliers de particules solidaires pour mieux envahir sa cible. Lorsque vient le moment opportun, tel un cheval de Troie elle dévoile ses intentions, déballe son arsenal et mets à sac les derniers remparts du corps. L'opération peut durer de quelques heures à quelques jours pendant lesquels le corps s'épuise dans une lutte acharnée et vaine car lorsque la dépression se propage rien ne peut arrêter sa progression. Elisa venait de franchir une limite invisible.

TROISIEME PARTIE: DE-PRESSION

Chapitre 15 : Confession

Lundi 5 mai 2003

- Salut Chris!
- Hey salut Elisa. Alors comment vas - tu après une semaine de "vacances"?
- Bof, le changement d'air m'a fait du bien mais...
- Mais? Il était pas sympa ton admirateur?
- Ce n'est pas un admirateur, et si il était très sympa, très accueillant.
- Alors quoi?
- Eh bien je ne sais pas comme l'expliquer. J'ai passé une semaine géniale, coupée de tout et ça m'a fait du bien mais quand je suis rentrée hier je me suis sentie très mal.
- Très mal? Du genre déprimée?
- Oui. Retrouver mon appart vide, sans personne à qui parler ça m'a filé le bourdon.
- BZZZZZ, plaisanta Chris.
- Très drôle!
- Tu n'as pas le sens de l'humour aujourd'hui.
- Non, j'ai plutôt envie de pleurer.
- Pourquoi?
- Si seulement je le savais...Je n'ai pas cessé de pleurer depuis ce matin.
- Oh... Attends le téléphone sonne je reviens.

Pourquoi est -on toujours interrompu par ce fichu téléphone? pensa la jeune femme. Elle avait absolument besoin de parler, de se confier et Vincent n'était pas là aujourd'hui, il avait repris le travail. Se confier à Chris était sa seule possibilité mais elle se demandait s'il se préoccupait réellement de ce qu'elle lui racontait. Attendant qu'il revienne, elle prit son petit carnet et un stylo sur le bureau, il fallait qu'elle écrive, qu'elle évacue ses angoisses. Les larmes menaçaient à nouveau.

Cher journal,

Aujourd'hui, lundi 5 mai 2003 je n'ai vraiment pas le moral. Je n'arrête pas de pleurer et surtout je ne suis pas retournée en cours comme prévu. Je n'ai pas pu, c'est au dessus de mes forces. Mon séjour dans le Nord m'a fait prendre conscience qu'il y a une autre vie possible ailleurs. Si seulement je pouvais tout quitter, abandonner cette ville, mon appartement, mes études. Comme j'aimerais recommencer ma vie, mais je n'en ai pas les moyens ni financiers ni matériels. En ai-je seulement la capacité morale? Comment fait-on pour avancer dans une vie qu'on a pas choisie, qu'on déteste. J'ai le sentiment de perdre pied pour de bon, hier j'ai eu un accès de colère, j'ai pour ainsi dire piqué ma crise et j'ai détruit tous mes livres de cours et mes notes. Me voilà bien avancée car je ne peux plus retourner en cours mais je ne peux rien faire d'autre. Je sens que le désespoir prend possession de mon corps, je n'ai plus envie de rien, je songe à quitter cette vie...

Elle fut interrompue par le retour de Chris qui afficha un smiley joyeux à l'écran. Elle sécha les larmes qui avaient repris leur course frénétique et lui répondit.
- Chris, il faut que je te parle. J'ai vraiment besoin de parler à quelqu'un, je me sens trop mal et je pleure de nouveau.
- Que se passe t-il? Tu commences à m'inquiéter.
- Je suis au bord du gouffre et j'ai envie de sauter dans le vide.
Un smiley choqué apparut sur l'écran. De l'autre côté l'internaute comprit que la situation était critique.
- Mais ça ne va pas de dire des trucs pareils?
Elle lui avait lâché cette phrase sans y réfléchir, comme un appel au secours.
- Désolée je ne voulais pas te faire peur. Mais je me sens si mal, je ne comprends pas ce qui m'arrive.
- Vas voir un médecin.
- Quoi?
- Oui vas voir ton médecin, il va te donner quelque chose pour le stress.
- Tu crois que c'est la solution?
- C'est toujours mieux que de sauter dans le vide non?
- Oui t'as raison.
- Alors prends ton téléphone et appelles de suite, je ne bouge pas, tu me dis quand tu as ton rendez-vous.

Devant la réaction de Babar59000, elle sentit qu'elle n'avait guère le choix aussi elle s'exécuta et obtint un rendez-vous le jour même avec le Dr Senou.
- Voilà c'est fait, j'ai RDV à 13h15 écrivit-elle.
- Très bien.
- Il y a autre chose...
- Quoi donc?
- Hier j'ai piqué une crise, et j'ai mis ma chambre sens dessus dessous
- Pourquoi t'as fait ça??
- J'ai évacué mon désespoir.
- Je te comprends pas Elisa, tu es jeune, intelligente, étudiante dans une grande école, tu as ton appart, tu es en bonne santé. Alors qu'est-ce qui ne va pas?
Elle lui balança un smiley rouge de colère avant de répondre.
- Ce qui ne va pas c'est que je ne veux pas de tout ça, je n'ai pas choisi cette voie, on me l'a imposée! Et j'en peux plus que tout le monde y compris toi me voit comme la fille parfaite, l'étudiante modèle. Tu crois que parce que j'ai tout ça je suis heureuse?
- Ben c'est déjà un bon début non?
- Mais merde alors tu comprends rien du tout!!! J'étouffe ici, je ne vois personne, je n'ai pas d'amis, je ne sors jamais, ma seule distraction c'est de parler aux abrutis comme toi sur Internet.
- Oh là miss, on se calme, inutile de m'agresser.

- Je suis juste réaliste, rétorqua t-elle. Elle fulminait, pourquoi personne ne voulait comprendre ce qu'elle vivait.
- Dans ce cas je m'en vais, je reviendrai quand tu seras calmée. Et il coupa net la connexion.

Toujours aussi énervée la jeune femme jura à haute voix à l'encontre de Chris. Au bout de quelques minutes la colère retomba lentement, elle se laissa glisser au bas de sa chaise et se mit à sangloter. Sa vie n'avait aucun sens, elle ignorait comment redresser la barre, elle avait l'impression que se confier ne lui avait servi à rien. Personne n'entendait ses appels de détresse, elle était de plus en plus seule et se sentait aspirée par le vide. L'appel du néant se faisait de plus en plus pressant, elle mourait d'envie de se jeter dans ses bras cotonneux. L'angoisse formait une boule de pression au creux de son ventre, ses bras tremblaient, elle ferma les yeux, inspira longuement puis expira. Elle repensa à la conversation qu'elle venait d'avoir avec Chris, elle se sentait vaguement coupable de lui avoir parlé ainsi, il faisait ce qu'il pouvait pour lui remonter le moral et elle l'avait rejeté. Elle reprit son journal intime et poursuivit ses réflexions abandonnées un peu plus tôt.

Comment ai-je pu en arriver là? J'ai vécu toute ma vie dans l'ombre de celle qui m'a donné la vie, j'ai satisfait tous ses désirs, et aujourd'hui je voudrais entrer dans la lumière. Est-ce qu'il faut impérativement que toute relation soit bâtie sur le modèle dominant-dominé? Si c'est ça la vie à quoi ça rime? Je ne veux plus de tout cela, je veux fermer les yeux et me laisser dériver jusqu'à ce que ce monde m'emporte loin de cette société infâme, où chacun s'attribue un rôle à jouer. Pour moi c'est le dernier acte, qu'on laisse tomber le rideau de velours tel un linceul sur mon corps en décrépitude et que mon âme s'envole vers des cieux plus vertueux.

Sans un regard,
Je vous dis au revoir,
Sans aucun regrets,
Je m'en vais,
Goûter à la liberté,
Pour l'éternité

Elisa Mercier - 05/05/2003

Prenant soudainement conscience des mots qui s'étalaient les uns derrière les autres sous la bille du stylo, Elisa referma le carnet en le claquant. Les murs autour se dérobaient, la pièce tournoyait, elle avait envie de vomir mais elle était incapable de se lever. Les larmes jaillirent douloureusement et ruisselèrent sur ses joues meurtries par les crises précédentes, la nausée s'intensifiait, l'angoisse sourdait en elle, un point de côté lui vrillait les côtes, dans sa poitrine son cœur se comprimait en une douleur qu'elle ne parvenait à expier. Elle aurait voulu hurler mais elle retint cette envie, ne voulant pas risquer de voir un voisin débarquer et devoir se justifier. Surtout elle ne voulait pas qu'on la voie dans un tel état de faiblesse, elle avait capitulé face au chagrin invasif. Sa carapace de petite fille modèle était réduite à néant, elle ne serait plus jamais la même, cette seule pensée la précipitait un peu plus vers le bord du gouffre. Elle avait ruiné tout ce qu'elle avait construit en vingt ans d'existence, sa mère ne le lui pardonnerait pas, personne ne comprendrait qu'elle ne soit pas capable d'endosser le rôle que la société lui conférait. On la jugerait et on la condamnerait comme une sorcière à brûler sur le bûcher ardent des préjugés. Elle n'aurait pas droit à un procès en règle, elle avait enfreint la loi des apparences, ce qui aux yeux du monde était un crime irréparable pour lequel le châtiment se voulait cruel, pervers, vicieux. Dans sa tête elle visualisait déjà les millions de paires d'yeux braqués sur elle, pointant de leur doigt menaçant son échec. Elle luttait contre l'irrépressible besoin de fuir, il fallait qu'elle trouve une solution sinon elle allait mourir sans même avoir vécu. Elle se rappela soudain le rendez-vous avec le Dr Senou prévu en début d'après-midi. Elle se hâta alors de sécher ses larmes, et résistant au vertige qui la déséquilibra lorsqu'elle se mit debout, elle enjamba les monticules de papiers et de vêtements éparpillés sur le sol pour rejoindre la salle de bains. Elle aurait préféré ne pas avoir à se confronter au jugement sans détour du miroir, mais c'était un passage obligé pour se maquiller et effacer autant que possible les marques de fatigue, estomper la rougeur de ses yeux et de son nez. Elle masqua les cernes sous une épaisse couche de fond de teint, appliqua du crayon noir sur le bord inférieur de ses yeux, étala son fard à paupières rose habituel, et se colla deux épaisseurs de mascara sur les cils. Puis, elle remit ses cheveux en ordre avec un bon coup de brosse, ce qui ne fut pas un luxe après les avoir délaissés depuis la veille, et enfin elle se changea. Elle choisit volontairement une tenue décontractée, jean bleu sombre avec un t-shirt écru fluide pour ne pas trahir son état d'esprit auprès du médecin, le tout assorti d'une paire de baskets en toile bleu marine. C'était parfait pour la saison, le soleil se faisait encore timide en ce début mai. Son sac sur l'épaule et ses clés en main elle quitta l'appartement, la lourde porte de l'entrée du bâtiment se referma en claquant, l'éjectant de sa léthargie. Elle emprunta la direction de la gare, le cabinet du Dr Senou se situait à proximité. En passant devant le minuscule salon de coiffure pour hommes qui précédait la boulangerie, elle eut une pensée pour les employés, qui répétaient chaque jour les mêmes gestes, shampooing, coups de ciseaux ou de rasoir, séchage. La société les avait piégés eux aussi, et condamnés à exercer un rituel continuel pour pouvoir vivre. Dans la boulangerie, la gérante tenait le crachoir à une cliente qui ne savait comment s'en dépêtrer, la boulangère adorait les potins et ne ratait jamais une occasion de cuisiner un client. Elisa en avait elle-même fait les frais lorsqu'elle s'était installée dans le quartier, une nouvelle résidente ne passe pas inaperçue, elle avait été obligée de laisser échapper quelques informations sur son compte pour nourrir la curiosité de la boulangère. Sur la droite, l'imposante paroisse Saint-Rémi était en ébullition ce matin là, ses portes béantes absorbaient une foule d'individus vêtus d'habits sombres, tenant des bouquets de roses ou de chrysanthèmes parfaitement assemblés. Sur le parvis, quatre hommes en costume noir et cravate assortie encadraient un cercueil en bois verni. Les observant à la dérobée, Elisa, songea que tôt ou tard ce serait sa vie à elle qu'on viendrait célébrer tristement, mais le plus désolant était d'imaginer que ses seuls convives seraient sans doute les employés des pompes funèbres. Elle avait décidément des pensées bien sinistres depuis quelques jours. Tout en continuant de marcher elle se demanda si elle devait en faire part à la doctoresse. Elle arriva

à destination, absorbée dans ces pensées morbides elle manqua l'entrée du cabinet et dû faire demi-tour.
Fidèle à ses habitudes, Evelyne Senou reçut sa patiente à treize heures quinze précises. Après vingt ans de métier, elle lisait sur le visage de ses patients comme dans un livre ouvert, elle sut immédiatement que la jeune femme en train de s'installer face au bureau n'allait pas bien du tout. La parade du maquillage ne fonctionnait pas, elle pressentait dans le regard de sa patiente la dépression naissante, son diagnostic se confirma lorsqu'Elisa lui exposa le motif de sa visite.
- Alors, qu'est ce qui vous amène aujourd'hui?
La jeune femme déglutit puis répondit.
- La dernière fois que je suis venue vous voir, j'avais des problèmes de sommeil.
- En effet, se sont-ils améliorés?
- A vrai dire oui, mais je ne récupère pas bien. Mon sommeil n'est pas réparateur avoua Elisa.
- Etes vous stressée?
- Oui et pour être honnête, j'ai des sautes d'humeur. Je passe du rire au larmes sans raison.
La doctoresse ajusta ses lunettes sans monture et observa attentivement la jeune femme. Ses épaules avachies, son regard triste, son teint pâle malgré le fond de teint, sa démarche traînante, tout en elle trahissait le mal être intérieur qui l'habitait.

- Cela dure depuis combien de temps?
- Depuis ma dernière consultation. Et ça s'est empiré il y a quelques jours.
- Est-ce que vous sortez un peu?
- Oui quelques fois, mentit la jeune étudiante. Dans le fond ce n'était pas un véritable mensonge puisqu'elle sortait faire quelques courses ou pour acheter du pain.
- Vous n'avez pas d'idées noires?
- Qu'entendez-vous par là? feignit-elle de ne pas comprendre.
- Des pensées suicidaires par exemple.
Refusant d'admettre qu'elle y avait déjà songé, du moins de façon lointaine, après tout des mots sur le papier ne valaient pas intention, à aucun moment elle ne s'était imaginé réellement passer à l'acte, elle préféra faire l'impasse sur ce détail lui semblant anodin et mentit une nouvelle fois à la doctoresse en répondant par la négative.
- Très bien. Avez-vous déjà songé à consulter un psychothérapeute?
- Vous voulez dire un psychologue?
- Tout à fait.
- Si je suis allée récemment au CMP[6] de Maisons-Alfort où j'ai rencontré le Dr Bréant, un psychiatre.
- Et lui qu'en pense t-il?

---

[6] CMP : Centre médico-psychologique

La jeune femme se remémora l'allure de savant fou du psy ainsi que les deux séances passées dans son cabinet.
- Il n'a pas été très éloquent. Il pense que j'ai un coup de blues passager lié à certains souvenirs de mon enfance qui me reviennent lors de cauchemars nocturnes. Je n'ai fait que deux séances car il a estimé qu'il n'était pas nécessaire que je continue.
Evelyne Senou semblait perplexe et ne partageait pas l'avis du psychiatre. Après quelques secondes de réflexion elle décida de prescrire à la jeune femme un traitement antidépresseur.
- Je vais vous faire une ordonnance pour un médicament de la famille des antidépresseurs, il s'agit du Fluoxétine 20mg à raison d'un comprimé chaque matin et chaque soir. Vous poursuivrez également le Lexomil : 1 comprimé le soir.
- Des antidépresseurs? Est-ce vraiment nécessaire? interrogea Elisa, inquiète à l'idée d'ingurgiter de telles substances chimiques.
- Je pense que ça l'est, du moins de façon provisoire, cela va vous aider à passer la période d'anxiété dans laquelle vous vous trouvez et on refera le point dans un mois.
- Entendu, capitula la jeune fille. Elle régla sa consultation, fourra l'ordonnance dans son sac et prit congé poliment.
En sortant elle se rendit directement à la pharmacie, sur le chemin elle eut l'impression

que les passants la dévisageaient comme s'il était écrit "DEPRESSIVE" sur son front. Cette sensation la poursuivit jusqu'à la pharmacie où l'employé qui la servit, leva un sourcil étonné à la lecture de l'ordonnance. Il ne fit néanmoins aucun commentaire et conseilla à sa cliente d'être prudente si elle était amenée à conduire en voiture, en raison des risques de vertiges et/ou de somnolence. Une fois les médicaments en main elle s'empressa de rentrer chez elle, elle désirait plus que tout s'abriter dans son antre, s'éloigner des regards inquisiteurs, échapper au jugement du monde extérieur. Elle culpabilisait de sa faiblesse, elle se sentait honteuse, accablée de désespoir, comment avait-elle pu en arriver à de tels extrêmes. Elle considérait la dépression comme l'état de faiblesse suprême, comme une marque d'échec et l'éducation stricte de son enfance lui avait appris à refuser cette option. Chaque fois qu'elle abordait une nouvelle étape de son parcours de collégienne, de lycéenne puis d'étudiante, elle n'envisageait jamais la possibilité d'échouer. Concentrée sur son besoin de réussite constant, acharné à satisfaire les désirs de sa mère, déterminée à entrer dans le moule qu'on lui avait conçu, elle n'avait pas vu le danger qui la guettait depuis si longtemps. Ses forces s'étaient épuisées, elle avait ignoré tous les signaux d'alarme. Dés lors que sa mère avait évoqué son potentiel pour étudier en école de commerce elle avait senti au fond d'elle qu'il s'agissait d'une erreur, face à certains professeurs qui mettaient en doute sa capacité à intégrer de telles écoles elle s'était élevée et leur avait prouvé qu'ils avaient tort, elle avait affronté le regard ingrat de la jeunesse dorée, qui se bouscule chaque année aux portes des meilleurs écoles pour s'assurer un avenir dans les hautes sphères de la société. Maintenant elle en payait le prix. Sans en avoir réellement conscience elle accéléra le pas, pressée d'atteindre le seul endroit où elle se sentait invulnérable, où elle était libre de vivre comme bon lui semblait. Elle tourna à l'angle de la rue Jean Jaurès et de la rue Louise Lesieur où se trouvait son appartement et marqua un temps d'arrêt. A une trentaine de mètres, son pire cauchemar venait de se matérialiser, la silhouette qui gesticulait devant l'entrée de son immeuble ne lui était que trop familière. Elle aspirait à retrouver sa solitude, à se morfondre dans son désespoir, à se laisser dériver et cette visite impromptue tombait au plus mal. Tailleur bleu ciel bien ajusté, cintré à la taille. Col blanc du chemisier en dentelle parfaitement rabattu sur celui de la veste. Jupe de même couleur au dessus du genou. Escarpins noirs luisants ouverts sur des ongles rouges. Coiffure soignée et ordonnée. Maquillage prononcé. Boucles d'oreilles et bague en or assorties à la montre. Sac en cuir sur l'épaule droite, et l'air agacé de quelqu'un qui patiente depuis un certain temps, Viviane Mercier attendait qu'on daigne lui ouvrir la porte. L'espace d'une seconde, Elisa espéra être en proie à une hallucination mais un bref coup d'œil dans la rue balaya ses espérances. Stationnée le long du trottoir, la voiture de sa mère, une Citroën C3 bleue métallisée à la carrosserie lisse et brillante, détonnait au milieu des véhicules de seconde main des résidents de la banlieue parisienne. La plaque d'immatriculation portant le numéro 76, celui du département de la Seine-Maritime confirmait l'intrusion de celle-ci. *J'aurais dû me douter que ce n'était pas normal qu'elle ne donne pas de nouvelles,* songea amèrement la jeune fille. *Mais que vient-elle faire ici?* Se sentant observée, Viviane Mercier pivota brusquement en direction de la jeune femme, une expression à la fois exaspérée et soulagée se peignit sur son visage de cire lorsqu'elle aperçut sa fille à quelques mètres. Elisa crut la voir esquisser un sourire, *non impossible, les monstres ne sourient jamais*. Cette fois elle ne pouvait s'y soustraire, elle longea les voitures garées sur sa gauche, ce qui lui permit de cacher discrètement dans son sac à main le sachet de la pharmacie. Elle s'avança ensuite vers le monstre en tailleur bleu ciel et l'embrassa sur la joue tout en l'interrogeant sur cette visite inattendue.

- Bonjour Maman. En voici une surprise, te voir ici...
Sa mère lui coupa la parole.
- J'ai pensé que ça te ferait plaisir. Je n'ai guère eu de tes nouvelles depuis quelques semaines, lâcha t-elle sur un ton accusateur.
La réplique de sa mère fit remonter en une fraction de seconde la vague de souvenirs des dernières semaines, son absence en cours, sa rencontre avec Vincent, sa plongée dans les abysses sombres de la dépression. Elle-même s'était étonnée de ne pas recevoir d'appel de sa mère mais à aucun moment elle n'avait eu l'idée de lui téléphoner. La vérité était qu'elle n'avait pas envie de discuter avec elle, de subir l'éternel interrogatoire sur ces résultats en cours, les discours sur l'importance d'être la première en tout, ni entendre les projets d'avenir planifiés par le Général Viviane Mercier. La présence de cette dernière changeait la donne, elle allait devoir répondre à des dizaines de questions, supporter ses airs de bourreau sous l'inquisition, avouer son absence en cours, justifier l'état de ses livres de cours. *Mes livres??? Au secours, elle va me décapiter si jamais elle voit ce que j'ai fait de ces précieux bouquins.* Elisa se mit à pâlir, la panique s'emparait d'elle, jamais sa mère n'accepterait un tel écart de conduite, il fallait absolument qu'elle trouve une solution avant que celle-ci n'entre dans le petit appartement.

Vite, vite, le monstre piaffait d'impatience devant la porte, il fallait faire diversion.
- Tu penses rester quelques jours? questionna t-elle d'un air faussement intéressé.
- Oui, toute la semaine à vrai dire. J'ai mes bagages dans le coffre.
Génial! Il ne manquait plus que ça! Non seulement elle lui imposait sa présence sans même s'enquérir de l'avis de sa fille ou de son emploi du temps mais en plus elle devrait la supporter pendant cinq longues journées. Qu'allait-elle faire pendant les supposées journées de cours de l'étudiante? Elisa jaugea la distance à laquelle la Citroën C3 était garée, elle l'estima à environ quarante mètres ce qui lui laissait tout juste soixante secondes pour déverrouiller la porte d'entrée, se ruer dans l'appart et débarrasser les paquets de feuilles et de vêtements qui encombraient la chambre. Il fallait qu'elle gagne davantage de temps, elle ouvrit la porte de l'immeuble et laissa passer sa mère devant puis commença à déverrouiller lentement la serrure du haut puis celle du bas. Elle s'arrêta au moment d'ouvrir celle du centre, et priant intérieurement que son stratagème fonctionne elle suggéra le plus courtoisement possible à sa mère de récupérer de suite ses bagages dans le coffre pendant qu'elle préparerait du thé, elle pourrait ainsi se détendre après le long trajet reliant Rouen à Maisons-Alfort. A son grand soulagement, sa mère approuva l'initiative et

à peine eut-elle tourné les talons qu'Elisa acheva de tourner la clé déjà introduite dans l'ultime serrure. Elle s'assura rapidement que sa mère avait laissé la porte de l'immeuble claquer derrière elle ce qui l'obligerait à sonner à l'interphone pour pouvoir entrer. Comme une fusée, la jeune fille courut dans la chambre, se jeta à terre et rassembla tant bien que mal les feuilles froissées, déchirées qui recouvraient la moquette. Pas le temps de sortir un sac poubelle pour tout jeter, elle compacta au maximum les débris de sa vie d'étudiante et les fourra sous le lit au plus loin possible, de telle sorte que rien ne soit visible en entrant dans la chambre. Plus que trente secondes, jugea t-elle, elle attrapa les vêtements et jeta tout en vrac dans le bac à linge sale de la salle de bains qui manqua de s'écrouler sous le poids. Elle pourrait toujours prétexter ne pas avoir eu le temps de faire ses lessives, en revanche pour la vaisselle sale entassée dans l'évier et les traces de café incrustées dans la toile cirée de la table il serait plus difficile de se justifier. La sonnerie stridente de l'interphone retentit, un dernier coup d'œil rapide pour s'assurer que tout était dissimulé, et elle décrocha le combiné puis activa l'ouverture de la porte. L'interphone grésilla, il sembla à Elisa que les parasites du combiné s'étaient intensifiés au passage de l'intruse dont les talons résonnaient dans le couloir. Elle lui ouvrit la porte en prenant un air aussi détaché que possible, contenant de son mieux sa respiration saccadée. Le monstre entra dans le repaire de l'étudiante, et la porte se referma, elle était prise au piège, à la merci du monstre pour une semaine qui s'annonçait d'ores et déjà intense.

Chapitre 16: Dissimulation

Si Viviane Mercier avait eu le pouvoir d'entendre les pensées secrètes de sa fille à son sujet, son indignation n'aurait pas été moins vive ni son courroux moins exacerbé lorsqu'elle pénétra dans la pièce principale de l'appartement. L'état déplorable du petit deux pièces la laissa sans voix, dans l'évier la vaisselle s'empilait visiblement depuis un certain temps dans une eau stagnante, la table portait les empreintes de petits déjeuner pris à la va-vite, la plaque de cuisson était maculée de tâches de graisses carbonisées pour certaines. La porte entrebâillée de la minuscule salle de bains offrait une vue imprenable sur un impressionnant monticule de vêtements attendant d'être lavés. Le lavabo était moucheté de résidus de dentifrice, le miroir suait des traînées d'eau savonneuse, la douche dont le goulot crachait des touffes de cheveux détrempés, dégageait une odeur putride de remontée d'égouts. Quant à la chambre, il lui fallut piétiner d'énormes bouloches de poussières agrippées à la moquette pour accéder à la fenêtre et ouvrir le volet. La pièce exhalait une désagréable odeur de renfermé, la poussière accumulée depuis plusieurs semaines recouvrait les meubles et saturait l'air, le lit était défait, des chaussures traînaient ici et là.
- Miséricorde, depuis quand n'as-tu pas fais le ménage chez toi Elisa?

- J'ai été très prise par les cours et les révisions pour mes partiels de fin d'année, se justifia la jeune femme en rougissant comme une fillette prise sur le fait.
- Ce n'est pas une raison! aboya sa mère. Comment peux tu vivre dans une saleté aussi immonde. Je crois que j'ai bien fait de venir à l'improviste.
Elisa n'osait répondre, elle baissa les yeux, comme elle le faisait étant enfant, sa mère venait de faire irruption dans son univers et elle se savait fautive. Les yeux plissés, pupilles rétrécies tel un félin prêt à bondir, celle-ci fixait sa fille attendant une réponse à son interrogation silencieuse justifiant l'état de l'appartement. Visiblement l'excuse du manque de temps ne la satisfaisait pas, loin d'être dupe elle repérait le mensonge de sa fille comme s'il était peint sur sa figure. Un jour, Elisa avait réussi à subtiliser un paquet de bonbons dans un magasin à l'insu de sa mère et des vigiles au moment du passage en caisse. Sa mère avait proscrit les bonbons et autres sucreries de son alimentation, mais elle n'avait que sept ans et comme beaucoup d'enfants la tentation était forte, les petites boules colorées qui roulaient dans le paquet étaient tellement appétissantes. Bien consciente d'avoir transgressé les règles elle avait soigneusement caché le paquet dans la poche intérieur de son imperméable rose. En sortant elle s'était félicitée d'une telle audace, elle

avait réussi à déjouer les commandements impitoyables de sa mère, une véritable victoire à son âge. Afin de pas attirer l'attention sur elle, elle s'était montrée exemplaire tout le reste de la journée, obéissant sans restriction, se tenant droite à table, rangeant sa chambre sans qu'on le lui demandât. Elle conserva précieusement le petit paquet enfoui dans l'imperméable pendant des jours, elle attendait le moment opportun pour savourer son contenu loin du regard de sa mère. Il lui était difficile de ne pas céder à la tentation, à chaque fois qu'elle sortait avec sa mère ou son père, son esprit dérivait, elle imaginait le goût sucré des bonbons fondant sur sa langue, le bruit qu'ils feraient quand elle les croquerait, leur saveur acidulée. La mascarade dura une bonne semaine, un après-midi alors que sa mère l'emmenait rejoindre son père aux abords d'un étang de pêche à la truite, le bruissement du paquet de bonbons dans sa poche captiva son attention et elle n'y tint plus. Oubliant toute prudence, elle sortit le paquet dans la voiture pendant que sa mère coupait le contact, elle l'observa avec envie, se rappela comment il était arrivé là, et se délecta une nouvelle fois d'avoir su faire preuve de ruse pour obtenir ce que sa mère lui refusait. Elle décida toutefois de patienter quelques minutes de plus, elle pourrait les manger pendant que ses parents discuteraient. Son attention focalisée sur les bonbons, elle

n'avait pas remarqué le regard de sa mère qui allait de la fillette au paquet de bonbons. Lorsqu'elle leva les yeux, elle dut retenir ses larmes pour ne pas s'avouer immédiatement coupable d'un délit qu'a priori sa mère ignorait. Elle pourrait peut-être encore sauver le sort de ces délicieuses friandises.
- Elisa, d'où sors tu ça?
- Euh, balbutia la petite fille. Je...J'ai...C'est Emilia qui me les a donné à l'école.
- Ah oui vraiment? Tu ne serais pas en train de me bourrer le mou [7]?
- Non Maman, répondit la fillette d'une voix larmoyante. Elle défaillait.
- Tu mens très mal jeune fille. Tu les as volés c'est ça s'indigna sa mère. *Comment avait-elle fait pour comprendre?*

Prise au piège, la petite fille avoua le délit ce qui eut pour effet de mettre sa mère hors d'elle et la sanction fut indiscutable, elle l'obligea à écrire deux cent fois "je ne dois pas voler dans les magasins". Ce jour là elle s'était sentie terriblement humiliée et coupable, elle s'était fait attrapée et devoir admettre qu'elle avait enfreint le code de conduite de sa mère avait été une torture. Elle n'avait jamais su comment sa mère avait deviné si vite la véritable provenance des bonbons. Quinze ans plus tard, debout dans la cuisine crasseuse de son appartement, sa mère avait toujours la

[7] Expression familière signifiant mentir, berner.

même emprise et avait conservé sa faculté à décrypter ses paroles. Lui mentir l'exposait aux foudres de l'irascible général qu'était sa mère, et lui dire la vérité constituerait un affront sans précédent pour celle qui l'avait élevé avec des préceptes où dominaient la force, le courage, la volonté, la détermination, la réussite, sans aucune place pour la défaite ou la faiblesse. Elle était prise à la gorge, étranglée par la puissance du lien indéfectible qui unit une mère à son enfant, terrassée par l'immense pouvoir du subconscient, paralysée par la peur de réveiller le Cerbère[8] qui sommeillait derrière le masque de marbre de sa mère. Viviane Mercier avait battu en retraite lorsque sa fille s'était dressée contre elle au moment de choisir la voie de son avenir, lorsqu'elle avait réduit en miettes ses espoirs de la voir se hisser au sommet en intégrant HEC, elle avait courbé l'échine malgré elle pour encaisser les coups de poings assenés l'un après l'autre...". *Je vais dire quoi maintenant aux gens quand on me demanderas si tu as été admise? Hein?- Tu leur diras que ta fille a été admise dans une école de commerce parisienne.- Pardon?- Oui je n'ai certes pas été reçue pour HEC mais j'ai le choix entre dix autres écoles où j'ai été admise"*...mais cette fois elle ne rendrait pas les armes si facile-

---

[8] Chien à trois têtes dans la mythologie, Cerbère est le gardien des enfers

ment, elle n'autoriserait pas sa fille à se complaire dans un simulacre de vie, à patauger dans la fange, à trainer le nom des Mercier dans la boue. Comment dévoiler la vérité à cette femme si sûre d'elle, respectée, choyée et crainte à la fois par ses collègues, capable du pire pour atteindre son but, allant jusqu'à sacrifier sa propre famille pour obtenir la reconnaissance des autres, n'existant que par leur regard. Elisa n'était que trop consciente de tout cela, alors que sa mère murée dans son silence sondait son âme de son regard perçant en quête d'indices, elle cherchait comment minimiser les faits, enrober la vérité, la rendre plus gracieuse pour obtenir la clémence du juge Mercier. La conversation était restée en suspens, la dernière réponse d'Elisa flottait au-dessus du vide se raccrochant à un rameau fragile qui risquait de rompre à tout instant. Si elle ne trouvait pas rapidement une branche plus solide à laquelle se maintenir, elle descendrait en chute libre à la manière d'un parachutiste en direction du sol obscur et froid qui amortirait mortellement sa descente vertigineuse. Elle serait alors lapidée par les débris de sa propre vie et sa mère assisterait diaboliquement à son voyage vers les enfers. *Allez Elisa, reprends - toi, trouves une réponse plausible, ne cèdes pas à la panique...*
- J'ai été malade ,se hasarda t-elle, guettant la réaction de sa mère. Voyant que celle-ci de-

meurait dans l'expectative d'explications plus poussées, elle inspira profondément et s'engouffra dans la brèche. Il était trop tard pour faire machine arrière, elle allait devoir se montrer convaincante. Elle continua.
- J'ai eu une grosse grippe qui m'a clouée au lit pendant dix...huit jours, se corrigea t-elle pour ne pas éveiller le doute chez sa mère.
- Une grippe? répéta la matrone sceptique.
- En effet, j'ai été complètement à plat, impossible de me lever ni même de manger. J'ai été forcée de m'absenter de l'école pendant ce laps de temps et ça m'a fait prendre un retard considérable dans mes cours.
- Il n'y avait personne pour t'apporter tes notes? renchérit la mère supérieure.
- Si, je les ai récupérées une fois rétablie. Elisa sentit son explication vaciller, sa mère paraissait la croire mais le doute subsistait sur son visage. Elle devait rester cohérente, parler calmement, énoncer les faits comme s'ils avaient réellement eus lieu. Pour flatter le tempérament perfectionniste et travailleur de sa mère, elle enchaîna sur les partiels qui approchaient. Elle savait que sa mère ne résisterait pas en apprenant que sa fille chérie se démenait pour rattraper son retard, en vue d'obtenir brillamment ses examens de fin d'année.
- C'est arrivé début avril et nous avions des congés prévus dans le planning annuel pendant la deuxième quinzaine du mois.

- Et alors, tu as rattrapés tes cours c'est ce que tu vas me dire, mais ça n'explique pas ton laisser-aller.

GRRRRRR....comment être convaincante si elle m'interrompt toutes les dix secondes...

- J'avais beaucoup à rattraper et j'ai mes partiels de fin d'année qui arrivent dans quinze jours aussi j'ai préféré me consacrer exclusivement à mes cours pendant deux semaines. Je craignais de ne pas être prête à temps alors j'ai privilégié mes révisions au détriment du reste.

- C'est ce que je vois!

- Je ne voulais pas te décevoir, s'apitoya la jeune femme, touchant ainsi la corde sensible de la parfaite Viviane Mercier. Trois minutes plus tôt, celle-ci l'aurait flagellé sur place mais le relâchement soudain des épaules, le simili sourire qui se dessina sur ses lèvres et son empressement soudain indiquèrent à Elisa qu'elle avait visé dans le mille. Sa mère avait mordu à l'hameçon .

- Quand commencent exactement les partiels?

- Le 19 mai.

- C'est tôt non?

- Oui c'est parce qu'en raison des examens de fin troisième année, nous finissons les cours fin Mai, juste après les partiels.

- Très bien. Et que fais-tu un lundi chez toi au lieu d'être à l'école?

Aie...aie...aie. Elle n'avait pas anticipé ce point.
- Hum...je n'ai pas cours aujourd'hui. C'est une journée spéciale à l'ESG, c'est la période d'examens pour les admissions post-bac. Les salles sont prises d'assaut par les candidats.
Ouf! Elle avait réussi à esquiver pour aujourd'hui, mais la supercherie ne tiendrait pas une semaine complète elle allait devoir se rendre en cours dés le lendemain pour donner le change. Mais avec quoi? Livres, bloc-notes et classeurs de disputaient une place dans l'ombre du lit sous lequel on les avait entassés. Il ne lui restait que quelques heures pour trouver une solution, son ingéniosité allait être mise à rude épreuve d'autant que sa mère décida de profiter de sa présence pour entreprendre un ménage rigoureux. Elisa suggéra que chacune se répartisse les tâches, sa mère s'attèlerait à la vaisselle et au rangement de la cuisine pendant qu'elle-même s'occuperait de la chambre, ce qui lui permettrait l'air de rien de débarrasser les détritus sous le lit avant que sa mère ne le découvre. Prétextant vider la corbeille à papier près du bureau, elle détacha un sac poubelle du rouleau rangé dans le placard sous l'évier, elle se positionna derrière le lit de façon à voir la porte de la chambre au cas où sa mère entrerait, et elle sortit le tas de feuilles qu'elle fourra précipitamment dans le sac de plastique noir. Jetant un coup d'œil discret dans la

cuisine, elle constata avec joie que sa mère lui tournait le dos, les mains engoncées dans de grands gants en caoutchouc jaune elle frottait activement la vaisselle. Le local à poubelle se situait à l'extérieur dans un renfoncement de la petite cour sur laquelle donnait sa fenêtre de cuisine. Elle sortit avec son trousseau de clefs et après avoir bataillé avec la porte du local elle balança le sac dans un des containers gris. Délestée de ce poids, elle reparut plus sereine dans l'appartement, cependant le sac n'était pas assez grand pour mettre aussi les classeurs. Aussi pour tromper les apparences elle les replaça, vides, sur l'étagère de sa chambre après l'avoir dépoussiérée. Elle n'avait plus qu'a croiser les doigts pour que sa mère ne s'aperçoive pas du stratagème. Elle acheva d'épousseter le bureau, la table de chevet, le meuble de télévision ainsi que l'écran puis passa l'aspirateur, ce qui s'avéra plus complexe que prévu car la moquette agissait comme du velcro avec la poussière. Au bout d'une heure et demie d'acharnement elle obtint un résultat satisfaisant, même sa mère ne trouva rien à redire. De son côté cette dernière n'avait pas chômé non plus, la vaisselle lavée et séchée avait regagné sa place dans les placards de la cuisine, la céramique de la salle de bains brillait comme en sortie d'usine, et le sol fraîchement astiqué fleurait bon le pin des landes. L'horloge de la cuisine sonna le coup de seize heures. Ereintée par

l'afflux d'émotions et le ménage intensif, Elisa espérait pouvoir souffler un peu et retrouver Vincent sur Messenger. Mais sa mère guère épuisée par la séance de nettoyage, eut la fabuleuse idée d'aller faire quelques emplettes après avoir constaté que le réfrigérateur ne contenait rien d'autre qu'un pot de confiture, une plaquette de beurre en fin de vie, un boîte d'œufs périmés et une bouteille d'eau. Et bien sûr pas question d'y aller sans sa fille qui encaissa une nouvelle série de brimades.
- Tu te nourris comment Elisa? Ton frigo est vide...
- Je fais des courses au fur et à mesure de mes besoins. J'avais prévu d'aller cet après-midi justement. Encore un petit mensonge qui passa inaperçu et calma temporairement sa mère.
Profitant d'avoir la voiture, celle-ci décida d'aller au centre commercial Carrefour à Créteil à seulement dix minutes de là. Sur place, Elisa peinait à suivre le rythme infernal, sa mère papillonnait d'un rayon à l'autre mais contrairement à ce qu'il y paraissait sa progression était stratégique, cadencée, minutieusement organisée. Boissons, boulangerie, boucherie, fruits et légumes, lessives, produits d'entretien, hygiène et beauté, passage en caisse. En à peine trente minutes, le caddie s'était rempli de packs d'eau et de lait, pain de mie, biscottes, biftecks, côtes de porc, cuisses de poulets, escalopes de dinde, pommes de

terre, haricots, courgettes, carottes, salade, pommes, poires, bananes. De quoi tenir un siège pendant des jours. *Elle ne va tout de même pas squatter ici indéfiniment.* A cela étaient venus s'ajouter un baril de lessive en poudre, un liquide vaisselle parfumé au citron, un désodorisant d'intérieur et deux paquets de serviettes hygiéniques. Sa mère régla le tout, encore une manière de montrer à sa fille qui tenait les rênes, elle asseyait ainsi un peu plus sa domination, exerçait son pouvoir maléfique. Décidément sa mère ne changerait jamais, l'estomac d'Elisa grinça sinistrement, son ventre de noua en spasmes d'angoisses douloureux. Sa mère était là depuis moins de trois heures et elle envahissait déjà son territoire, son surcroît d'organisation, son excès de planification, ses sourires programmés, son amabilité feinte, sa démarche rigide, sa manière de toiser ses interlocuteurs, tout ça étouffait la jeune femme. Sa présence intensifiait cette strangulation mentale, cette visite lui permettait de resserrer le garrot de son pouvoir, d'asphyxier les éventuels désirs de liberté de la jeune femme, de s'assurer qu'elle soit toujours fermement immobilisée entre ses tenailles et qu'elle ne puisse s'éloigner du joug maternel. L'étudiante avait naïvement espéré qu'elle soit simplement venue parce qu'elle avait fini par accepté ses choix, mais en la voyant dans le centre commercial diriger ses courses en gravitant parmi les rayons

à la manière d'une araignée tissant sa toile, cette faible lueur d'espoir s'était vite éteinte. *Dire que je vais devoir me la coltiner toute la semaine, quel enfer!*
De retour de leur virée au centre commercial, les deux femmes rangèrent leurs emplettes aux emplacements réservés, les boissons à l'entrée de la cuisine, le pain sur le meuble de cuisine, viandes et légumes au réfrigérateur, les fruits furent disposés dans un saladier en verre transparent faisant office de coupe à fruits, et enfin les produits d'entretien et d'hygiène furent répartis entre le placard sous l'évier et la salle de bains. La fin de journée approchait, une délivrance pour Elisa dont le sentiment d'oppression et de mal être grandissait au fil des minutes. Elle proposa son aide à sa mère pour la préparation du dîner, à son grand étonnement celle-ci déclina l'offre, ce qui permit à la jeune femme de respirer un peu et de s'adonner à son activité favorite de ces derniers jours : discuter en ligne. Elle prétexta un dossier d'économie à terminer pour la fin de semaine pour pouvoir s'installer tranquillement à l'ordinateur. Sa mère ne posa aucune question, certainement satisfaite de voir sa fille si studieuse. Comme à son habitude, Chris était connecté, à croire qu'il ne faisait rien d'autre de ses journées, en revanche le statut de Vincent indiquait "hors ligne". Qu'importe elle avait besoin de s'évader, une petite discussion avec Chris ne lui

ferait pas de mal à condition qu'il accepte de lui parler. Leur dernière conversation s'était terminée sur des propos désagréables. C'était l'occasion de s'excuser auprès du jeune homme. Elle vérifia que de là où elle se trouvait sa mère ne pouvait l'observer sournoisement et elle démarra la discussion.
CarpeDiem75 dit: Bonjour Chris! (un smiley rouge de honte suivit son salut pour montrer ses bonnes intentions). Après un laps de temps qui lui parut interminable celui-ci daigna répondre.
Babar59000 dit: Bonjour.
Ce "bonjour" sans fioritures annonçait la couleur, lui qui habituellement débordait de bonne humeur semblait toujours vexé par l'attitude de la jeune femme.
CarpeDiem75 dit: J'ai l'impression que tu m'en veux encore.
Babar59000 dit: T'en vouloir? Bien sûr que je non je te rappelle que je suis un abruti qui ne comprend rien...
CarpeDiem75 dit: Oh...(elle s'en voulait terriblement, elle n'avait pas mesuré l'impact de ses paroles). Je m'excuse Chris, sincèrement, tu es loin d'être un abruti, c'est moi l'idiote, tu m'as toujours tendue la main et j'ai été mesquine avec toi. Pardonnes moi stp[9].
Babar59000 dit: Je ne sais pas.

---

[9] stp : abréviation pour s'il te plaît dans le jargon des internautes

CarpeDiem75 dit: Y'a-t-il quelque chose qui pourrait me faire remonter dans ton estime?
Babar59000 dit: Il y en a une...
CarpeDiem75 dit: Laquelle? (interrogea t-elle avidement.)
Babar59000 dit: Viens passer un week-end à la maison.
Oh non il n'allait pas remettre ça sur le tapis? Difficile de lui refuser, il avait les bonnes cartes en main. Elle allait lui répondre mais il la devança.
Babar59000 dit: Elisa, je plaisante. Bon ça va pour cette fois je te pardonne mais réfléchis à tes propos la prochaine fois. Ok?
CarpeDiem75 dit: Promis ☺☺☺☺☺
Babar59000 dit: Bon alors tu sembles en meilleure forme que la dernière fois.
CarpeDiem75 dit: Oui et non.
Babar59000 dit: Tu as été voir ton médecin?
CarpeDiem75 dit: Oui, elle m'a prescrit des AD et un anxiolytique.
Babar59000 dit: AD?
CarpeDiem75 dit: Antidépresseurs. Excuses moi, ma mère a débarqué à l'improviste ce matin et elle n'est pas au courant. Elle m'étriperait si elle l'apprenait.
Babar59000 dit: Attends, ta mère est là et toi tu ne lui dis rien?
CarpeDiem75 dit: C'est compliqué Chris. On a une relation tendue, pour elle je suis la

petite fille parfaite qui réussit tout ce qu'elle entreprend. Pendant toute mon enfance j'ai entendu qu'il n'y a que les faibles qui s'agenouillent...tu vois le genre?
Babar59000 dit: Dis donc c'est un dragon ta mère ou quoi?
CarpeDiem75 dit: Presque. (Elle pouffa)
Babar59000 dit: Et elle a débarqué comme ça?
CarpeDiem75 dit: Ben oui, elle ne m'a pas vraiment donné de raison, ce qui est très étrange voire inquiétant venant d'elle.
Babar59000 dit: Elle avait peut-être simplement envie de te voir?
CarpeDiem75 dit: Je ne crois pas non. En tout cas à peine arrivée elle donnait déjà ses ordres. Elle m'a fait ranger tout l'appart et ensuite elle m'a trainée pour faire des courses. Maintenant elle fait la cuisine et pense que je suis sagement en train d'avancer un devoir de cours.
Babar59000 dit: Pas bien de mentir à sa maman (se moqua Chris.)
Elle lui renvoya un smiley tirant la langue. Elle passa ensuite quelques minutes à raconter à Chris le discours qu'elle avait tenu à sa mère concernant son absence en cours, et son appartement en désordre. Celui-ci approuva mais lui conseilla la prudence, il n'est jamais bon de mentir, la vérité finit toujours par être révélée. Elle s'engageait sur un terrain glissant en décidant de se rendre en cours tout le

reste de la semaine pour que sa mère ne découvre rien. Comment ferait-elle en plus sans aucune note de cours?

CarpeDiem75 dit: Oh zut j'avais oublié ça!

Babar59000 dit: Ben c'est pas malin.

Elle s'affala sur le fauteuil de bureau en allongeant ses pieds sous le bureau mais la place était bien restreinte à cause de la sacoche de cours poussée négligemment au dessus. *La sacoche! Voilà la solution...*Celle-ci contenait sa trousse, ainsi qu'un calepin de notes et une chemise à rabats, dans laquelle elle stockait les polycopiés des intervenants. Elle pourrait donc se rendre en cours avec sa sacoche qui ferait une illusion parfaite aux yeux de sa mère.

Babar59000 dit :Bien vu!

CarpeDiem75 dit: Merci. Je vais te dire au revoir Chris, j'entends qu'elle met la table, je vais aller la rejoindre pour le dîner.

Babar59000 dit: Ok miss. A demain peut-être.

CarpeDiem75 dit: Bye.

Après le dîner préparé par sa mère, Elisa n'eut plus qu'une envie, aller se coucher et oublier momentanément la présence de celle-ci. Fort heureusement, Viviane Mercier harassée par sa journée émit le même souhait que sa fille. Elisa s'installa à terre à côté du lit dans un duvet épais posé sur un tapis de sol prévu par sa mère, ainsi cette dernière put profiter du confort du matelas. Tandis qu'elle se déshabillait dans la salle de bains, la jeune femme songea qu'une fois encore sa mère commandait tout, elle s'imposait chez sa fille et elle exigeait encore en plus d'avoir le lit pour dormir. Elle la reconnaissait bien là, pas question pour le général Mercier de coucher à même le sol, en revanche sa fille, sa subalterne pouvait s'en contenter. *Quelle harpie!* Elisa enfila un t-shirt de nuit vert pâle trop large et se faufila discrètement dans la cuisine où elle récupéra son sac à main dans lequel elle avait caché les médicaments prescrits pas le Dr Senou. Elle ouvrit la boîte de Fluoxétine 20mg et observa les gélules mi-vertes, mi-blanches, comment de simples comprimés pouvaient-ils venir à bout d'un état de dépression. *Dépression? Je déteste ce mot, je n'arrive pas à croire que je fasse partie des milliers de gens qui en souffrent chaque année. Dois-je faire confiance à ces médocs? Tout ça me semble parfois si irréel.* Elle souleva l'opercule métallique et fit rouler une gélule dans sa main droite puis l'inséra au fond de sa gorge avant de l'avaler. Elle ne pouvait plus reculer, ce geste anodin marquait un pas de plus sur le chemin de la dépression. Elle résista à l'envie de s'effondrer une nouvelle fois en larmes, elle l'avait refoulée toute la journée pour ne pas montrer de signes de faiblesses face au tyran maternel. Elle avala rapidement un comprimé de Lexomil 6mg qui l'aiderait à dormir et à ou-

blier cette maudite journée, puis planqua les boîtes dans une petite poche intérieure de son sac à main qu'elle remit en place aussi discrètement qu'elle l'avait pris. Elle se coucha désabusée, son corps épuisé d'avoir dû flirter avec les apparences toute la journée, accueillit avec délice sa couchette de fortune. Malgré l'obscurité elle sentait le regard de sa mère sur elle, Big Brother[10] la surveillait du haut de son piédestal régnant en maître sur sa vie.
Parviendrait-elle à échapper à sa vigilance? S'échapperait-elle un jour de son emprise malfaisante? Elle s'endormit après quarante-cinq minutes de questions sans réponses, le cœur et l'esprit faussement allégés par l'effet chimique des médicaments.

---

[10] Voir le roman de Georges Orwell intitulé "1984"

Chapitre 17: Suffocation

Le tapis verdoyant au sommet des falaises caressait le ciel langoureusement, les nuages dansaient par-dessus, effleuraient ces grandes dames rocheuses de leur manteau de coton immaculé. Impérieuses, celles-ci dressaient des précipices abrupts face à l'océan, immuables elles dominaient la nature fougueuse qui venait mourir contre ses parois par successions de vagues turquoises et neigeuses. Le chant de l'océan attirait fatalement l'être humain subjugué par ce spectacle incomparable, le ballet des vagues envoutait l'âme tandis que l'horizon lointain murmurait une litanie suave et irrésistible. Inexorablement entraînée vers ces rivages mortels, Elisa s'approcha du bord de la falaise, le vide l'excitait, la peur l'envahissait, ensorcelée par l'écho de l'océan qui se brisait sur les falaises, elle entendait les vagues qui susurraient à son oreille "*la liberté se trouve par delà les océans, calme et volupté t'attendent*". Bercée par cette mélodie insoucieuse, elle tendait les bras, prête à se livrer corps et âme. Elle ferma les yeux pour savourer les échos de l'océan qui s'éloignaient à mesure qu'elle approchait du bord. Le vide prenait possession de son corps, effaçait toute trace de chagrin, ses angoisses s'apaisaient, la corde qui enserrait son cou de petite fille depuis l'enfance se dénouait, l'étreinte maléfique de sa mère n'avait plus d'emprise sur elle, elle était libre et s'abandonnait totalement. Galvanisée par ce sentiment de liberté naissant elle s'offrait à l'océan, son corps basculant lentement vers l'avant, elle pouvait sentir son souffle sur son visage. Le vide recueillait son corps délicatement, l'enveloppait de son linceul invisible, son voyage vers les abîmes la déconnectait du monde réel. Au fond du gouffre, l'océan se muait en eaux noires et prêtes à engloutir son âme pour l'éternité. Elle ouvrit les yeux et fut brutalement projetée en arrière. Comme si elle avait violé leur sanctuaire, les eaux refermèrent leur rideau sombre dans un grondement de colère, elle atterrit contre la paroi de la falaise où elle s'agrippa à un rameau solitaire. Soudainement sa conscience sembla s'éveiller, le danger qui la guettait était bien réel, la peur s'abattit froidement sur elle, elle leva les yeux en direction du sommet où une ombre observait le spectacle avec un sourire perfide. Elle voulut crier, quémander une quelconque aide mais sa voix ne fut qu'un murmure qui se répercuta contre les parois inflexibles des falaises. A bout de force elle priait pour que l'ombre au dessus d'elle lui vienne en aide mais celle-ci n'en fit rien et le minuscule bout de branche céda dans un craquement à peine perceptible faisant offrande généreuse de son corps aux abysses. Terrorisée par cette sensation d'aspiration vers le vide son corps convulsa et elle se réveilla en sursaut, l'obscurité l'empêchait de se repérer dans la pièce mais elle se rappela soudain la présence de sa mère, son lit de fortune, sa vie sans aucun sens, son désir de liberté. Le cauchemar qu'elle venait de subir ne faisait que refléter ses tourments intérieurs, probablement enjolivés par la réaction chimique des antidépresseurs et des anxiolytiques. Elle avait l'impression que son inconscient cherchait à contrer ses désirs de fuite, elle avait touché du doigt un autre monde mais n'avait pu obtenir son sésame pour cet univers privilégié. Que devrait-elle encore sacrifier pour l'obtenir? Prise au piège de sa propre vie, ligotée à son destin par sa mère, elle venait d'entre-apercevoir la lumière au bout du tunnel mais le fil qui la retenait au monde des vivants était solide et trop court pour l'atteindre. Elle devrait trouver par ses propres moyens comment achever son périple, quels obstacles allait-elle encore bien pouvoir rencontrer? Elle se redressa suffisamment pour pouvoir distinguer les leds rouges du radioréveil de l'autre côté du lit indiquant quatre heures du matin. Son cauchemar avait balayé les effets des médicaments sur son cerveau, elle se sentait parfaitement éveillée mais le Cerbère à côté d'elle risquait lui aussi de se réveiller si elle se levait. Elle se recoucha en espérant retrouver le sommeil mais en vain. Deux heures plus tard, elle se leva après avoir cogité sur la manière dont se passerait son retour en cours. Devrait-elle se justifier? Qu'allait-elle bien pouvoir raconter à tous les curieux qui s'empresseraient de la questionner plus pour alimenter les conversations que par véritable empathie? Désireuse d'éviter au plus possible sa mère ce matin là, elle se prépara très rapidement dans la salle de bains, ne partageant la compagnie de sa mère que le temps du petit déjeuner. Elle quitta son appartement à 6h55, remarquant au passage, que les habitudes étaient tellement ancrées profondément en elle, que même après plusieurs semaines elle reprenait son rituel sans commettre d'impair. Dehors, le jour était déjà levé, la boulangerie assaillait les papilles et l'odorat des quelques passants, le coiffeur levait lentement le rideau de fer qui masquait la vitrine, les voyageurs de l'arrêt de bus n'avaient pas changé, les automobilistes ronchons ou mal réveillés faisaient grincer leur moteur. L'austère station de RER faisait office de crèche provisoire pour des habitués encore à moitié endormis, arpentant le béton pour ne pas somnoler pour de bon en attendant le train. A 7h14 le RER A entra en trombe dans la petite station de Maisons-Alfort, secouant ses ailes d'acier et de métal pour se débarrasser des intrus et laisser la place à de nouveaux passagers. Elisa se laissa transporter par les vagues d'usagers, elle suivit docilement le mouvement, elle parvint ainsi à la correspondance avec le métro en gare de Lyon. Là-bas les centaines de voyageurs transitaient, apparaissant et disparaissant aux carrefours des différentes correspondances. La jeune femme stoppa un instant sa progression pour observer ces marionnettes de la société: des hommes d'affaires en costume cravate, mocassins cirés et mallettes en cuir, des femmes stressées en équilibre sur leur hauts talons, de jeunes étudiants portant des jeans usés, trop larges sur des baskets dont les lacets servaient d'ornement à la chaussure. De prime abord, tout les différenciait, pourtant leur look était étudié, bâti sur des préceptes de mode, de génération, chaque classe sociale avait son style, et tous cohabitaient au sein d'une société de consommation qui avait le pouvoir de leur faire croire individuellement qu'ils étaient uniques, que le costume acheté chez Yves-Saint-Laurent concurrençait parfaitement les Jeans Diesel très en vogue. Chacun se sentait bien ainsi, fier de véhiculer l'image de son clan, contribuant à élever celui-ci au plus haut rang de la société. Trop occupés à s'affronter sur le ring quotidien des "m'as-tu vu?" ils poursuivaient inconsciemment une chimère. Tous suivaient le chemin tracé par l'immense force de persuasion de la société, ils parcouraient les couloirs interminables des labyrinthes souterrains de Paris croyant fermement être les acteurs de leur destinée. En les observant elle réalisa à quel point elle s'était déconnectée de la réalité ces dernières semaines, elle n'appartenait plus à ce monde, n'adhérait plus aux coutumes de ce quotidien trop bien orchestré, finalement son rêve de la nuit passée prenait des allures de prophétie, les falaises et les eaux sombres se matérialisaient sous la forme de tunnels en béton froid, sans fin, le vacarme assourdissant du métro lui rappela le chahut des vagues qui explosaient contre les rochers. A l'approche de celui-ci les voyageurs engourdis sortirent de leur torpeur et se livrèrent avec frénésie au rituel préféré des parisiens : le chassé-croisé dans la rame de métro. Immobile, Elisa les scrutait du regard, attendant que son corps se décide à suivre le mouvement mais celui-ci semblait déprogrammé. Le mélange Fluoxétine et Lexomil engourdissait ses sens, anesthésiait son cerveau, elle eut soudain envie de vomir, étourdie par le remue-ménage des usagers. En moins de trente secondes le vacarme s'apaisa, l'alarme des portes du métro retentit et celui-ci s'éloigna bruyamment, abandonnant la jeune femme sur les rivages de béton noir. Il lui fallut quelques minutes pour se ressaisir, une fois seule elle chercha à comprendre ce qui venait de se passer, pour la première fois son corps et son esprit n'étaient plus en symbiose, chacun agissait pour son propre compte, mutuellement libres de leurs choix. La dépression qui se propageait depuis quelques semaines avait formaté son cerveau, éliminé les mécanismes ancrés dans sa mémoire interne, supprimé le besoin maladif de copier-coller à l'infini les faits et gestes de chaque individu. Sa conscience lui chuchotait qu'elle était libre maintenant. Cela signifiait que sa mère ne pouvait plus exercer son emprise sur elle, pourtant elle avait eu des difficultés à faire taire la petite fille tapie au fond d'elle la veille, face au caractère dominateur de la matriarche. Revigorée par ces pensées elle n'hésita pas lorsqu'un second métro fit son entrée, elle se leva et se faufila à l'intérieur. Tandis que le métro parcourait les souterrains de station en station elle fit mentalement le point sur sa situation. Sa soudaine prise de conscience lui avait permis de balayer partiellement la brume qui envahissait sa tête et ses pensées s'éclaircissaient mais un détail lui échappait: outre le sentiment de déjà vu qui la persécutait depuis son départ de chez elle et l'impression d'avoir débranché la prise qui reliait son cerveau au monde des vivants, quelque chose subsistait, un sentiment d'allégresse et de sécurité. *Encore un effet secondaire des médicaments?*

Elle n'eut guère le temps de s'attarder sur cette question, le métro fit halte à la station Oberkampf. En sortant l'impression de déjà-vu lui sauta de nouveau à la figure. Elle mit ça sur le compte des nombreuses fois où elle avait franchi les barrières du métro, grimpé les escaliers et entamé l'ascension de la rue Saint Ambroise. Avant de s'engager vers l'école elle inspira profondément pour se donner du courage et réprimer son envie de retourner se cloîtrer dans sa tanière, chose qu'elle aurait fait sans hésiter si sa mère n'avait pas débarqué. Chaque pas lui semblait lourd, elle n'avait aucune envie d'être là et se sentait tirée vers l'arrière. Jetant brièvement un coup d'œil par-dessus son épaule, elle dû s'arrêter net et se retourner pour s'assurer qu'elle n'avait pas la berlue. Sur le sol fixée à ses talons, une ombre étrange se profilait, déformée, affichant un sourire pervers, tendant les bras pour retenir la jeune femme. Elle cligna des yeux pour s'assurer qu'elle voyait clair, jeta un regard autour d'elle pour voir si les passants remarquaient eux aussi cette étrange silhouette noire, distendue sur l'asphalte. Mais bizarrement personne ne paraissait la voir, encore un des effets secondaires des médicaments? Elisa était troublée, elle ne savait que penser, et si cette ombre était en réalité le fantôme de la dépression venue pour la hanter, lui rappelant à chaque pas qu'elle ne pouvait se débarrasser d'elle, la menaçant de révéler le petit jeu de faux-semblant auquel elle s'apprêtait à se livrer pendant une semaine . *Non décidément je deviens folle...mon cauchemar de la nuit passée m'a marqué plus que je ne l'imaginais.* Elle reprit toutefois sa route avec la désagréable sensation d'être observée et suivie.

Lorsqu'elle arriva devant l'école, elle sentit un poids alourdir sa poitrine, le souvenir des dernières semaines afflua d'un seul coup et les larmes menacèrent de s'échapper. Comme à leur habitude les étudiants dispersés en petits groupes s'agglutinaient devant l'entrée. Elisa songea tristement que leur quotidien à eux n'avait pas changé, ils riaient ou discutaient avec insouciance à quelques centimètres d'elle. Personne ne remarqua sa présence, pas plus que ce jour maudit du 8 avril où tout avait basculé pour elle, où devant ces mêmes individus elle avait fui. Elle eut du mal à savoir quel comportement adopter, elle était devenue étrangère à ces lieux, sa place n'était pas ici mais chez elle devant l'ordinateur. L'image de Vincent vint consoler temporairement son esprit, il lui manquait, elle aurait voulu courir, sauter dans un train et se réfugier dans ses bras, mais l'accueillerait-il de la sorte? Après tout leur relation n'était que pure amitié. La commissure de ses lèvres esquissa l'ombre d'un sourire à la pensée que Chris aurait sûrement moins de scrupules que Vincent sur le sujet. La sonnerie annonçant le début des cours l'obligea à sortir de ses rêveries, elle s'intégra aux groupes d'étudiants et reconnaissant Fred dans la masse, celui qui lui avait gentiment photocopié ses notes de cours, elle le suivit en direction de l'amphithéâtre principal où se déroulerait un cours dont elle ignorait totalement la teneur. Elle s'assit à mi-hauteur de la salle, deux rangées au dessus de Fred, sortit de quoi écrire et patienta en se demandant si autour d'elle les étudiants n'allaient pas remarquer la supercherie, mais aucun d'eux ne parut s'apercevoir de sa présence. Une boule de nerfs lui tordait les intestins, elle jouait avec le feu, et si un devoir sur table était prévu aujourd'hui? Comment ferait-elle? Rendre une copie blanche n'était même pas *envisageable...ma mère m'étriperait pour y avoir seulement pensé.* Et voilà qu'elle recommençait à se soucier de l'avis de sa mère, ne peut-elle pas me foutre la paix? railla sa conscience. *Oh...heureusement qu'elle ne peut entendre le fond de ma pensée* .Mais bien sûr qu'elle le peut ironisa une petite voix près d'elle. *Quoi ? Mais qui a dit ça? Ai-je pensé à haute voix?* Affolée Elisa jeta un regard interrogateur aux étudiants derrière elle mais ils semblaient concentrés sur les propos du fabuleux orateur qu'était Frédéric Encel l'intervenant en géopolitique, elle ne l'avait même pas vu entrer. Essayant de ne pas attirer l'attention sur elle, elle inspecta discrètement les sièges vides alentour, quand soudain elle la vit à deux mètres d'elle, l'expression victorieuse et perfide. Telle Hécate[11], son ombre maléfique

[11] Hécate: Dans la mythologie grecque, **Hécate** est une

l'observait de ses yeux perçants simulant une danse de la joie. Elle n'en croyait pas ses yeux, non c'était strictement impossible...cette fois elle en était certaine les médicaments avaient une mauvaise influence sur son état d'esprit, elle était victime d'hallucinations tout droit sorties de ses cauchemars. En bas sur l'estrade, Frédéric Encel continuait de discourir, les étudiants buvaient ses paroles, personne ne remarqua Elisa qui s'éclipsa discrètement de l'amphithéâtre pour se réfugier dans les toilettes où elle s'enferma pour reprendre ses esprits. Elle n'y tenait plus, elle devait partir, impossible de passer sa journée ici avec une déesse de la mort qui la persécutait mais elle ne pouvait rentrer chez elle. Qu'importe, elle passerait la journée à errer dans les rues du 11è arrondissement s'il le fallait mais elle ne s'infligerait pas un tel supplice jusqu'au soir, et de ce qu'elle avait pu en voir personne ne s'apercevrait de cette nouvelle absence.
En sortant elle rejoignit le couloir principal et heurta de plein fouet un étudiant qui passait. Levant les yeux elle reconnut Fred qui s'excusa avec un sourire et en profita pour entamer la conversation.
- Salut Elisa, alors te voilà revenue? Tu vas mieux?

---

déesse de la Lune, fille du Titan Persès et de la Titanie. Elle représente la nouvelle lune ou lune noire qui symbolise la mort.

- Euh...oui, ça va mieux mais je suis encore un peu à plat.
- C'est pour ça que tu as quitté le cours tout à l'heure?
Oh finalement sa fuite avait été remarquée. Est-ce que Mr Encel aussi l'avait vue sortir?
Cette pensée la fit pâlir.
- En effet, je ne me sentais pas trop bien j'ai préféré sortir un moment mais à ce que je vois j'ai dû m'absenter plus longtemps que je ne l'imaginais. Je pensais regagner ma place avant la fin du cours pour ne rien manquer, surtout avec les partiels qui approchent.
- Tu as raison, si tu veux je te passerai mes notes, proposa le jeune homme toujours souriant. D'ailleurs, ça a été avec les notes que je t'ai filé? Tu as su me relire?
Elisa se mit a rougir, aux dernières nouvelles les fameuses notes s'entassaient au fond d'un container au milieu d'un remugle de déchets alimentaires en putréfaction. Elle déglutit et afficha un sourire factice pour lui répondre.
- Oui sans problème. Encore merci. Je vais aller voir Mr Encel, prétexta t-elle pour se libérer de l'embarrassante conversation.
- D'accord, il doit être encore dans l'amphi.
- Ok merci.
- Elisa?
-Oui?
-On pourrait peut être manger ensemble ce midi, j'en profiterais pour te passer les notes de ce matin.

Manger. Son estomac se souleva à cette idée. Elle n'avait absolument pas d'appétit et elle avait dû se forcer la veille pour que sa mère ne la gronde pas comme une petite fille. Le regard gris perle du jeune homme se fixa sur elle l'interrogeant silencieusement. Bien qu'elle n'en eut absolument aucune envie elle accepta l'invitation, ils convinrent de se retrouver à midi pile à la cafétéria de l'école. Après ce bref échange la jeune femme se sentit obligée d'assister au cours suivant pour ne pas devoir se justifier auprès de Fred le midi si elle s'absentait à nouveau, et surtout elle ne voulait pas lui donner une nouvelle occasion de lui "rendre service." Décidément cette journée s'annonçait affreuse, les effets secondaires des médicaments s'estomperaient peut être suffisamment dans la journée pour renvoyer Hécate la perfide dans ses abysses cérébrales inexplorées. Elisa avait bien assez à penser avec ses propres soucis sans devoir en plus s'occuper de son ombre imaginaire. *Enfin espérons que ce ne soit qu'un effet de mon imagination...* Son esprit rationnel émettrait-il des doutes?

A midi tout juste Fred l'attendait accoudé au bar de la cafétéria. Ils commandèrent des sandwichs et s'installèrent sur une banquette en simili cuir bordeaux autour d'une table usée par les mégots de cigarettes écrasés et taguée d'auréoles de dessous de verres. Ils mangèrent sans échanger un mot

puis Fred sortit son parafeur. Il fit glisser une feuille jusqu'à Elisa qui contempla l'écriture soignée et régulière d'un œil critique, les notes de Fred étaient parfaitement rangées, propres, sans ratures comme si lui aussi avait suivi une formation "perfectionnisme" avant d'arriver ici. A bien y regarder tout en lui convergeait en ce sens, vêtu d'un jean noir à la coupe ajusté, un pull marine à col en V ouvert sur une chemise blanc écarlate, pas un cheveu de travers. *L'archétype du parfait petit étudiant...Ah Vincent où es-tu avec ta vieille BMW mal entretenue, tes cheveux en bataille, ton survêtement tue-l'amour, ta capacité à embrasser le monde librement...*
- Je te photocopie ces pages? Elisa? E-li-sa?
- Que..quoi? Oh excuses moi Fred!
- Je ne sais pas à quoi tu pensais mais tu semblais partie bien loin.
- En effet, désolée. Tu disais donc?
Fred se mit à rire.
- Je demandais si je devais photocopier ces pages?
- Oui c'est parfait, répondit-elle sans prêter attention au contenu.
Fred se leva pour se diriger vers le hall d'entrée où se trouvaient deux énormes photocopieurs à débit industriel. Tandis qu'il s'y affairait, Elisa patienta songeuse se remémorant la semaine aux côtés de Vincent. Elle réalisait petit à petit que ce qu'elle cherchait depuis tant d'années elle l'avait momentanément

trouver auprès de cet homme au tempérament énigmatique. Sans le vouloir elle avait succombé au charme de l'affection qu'il lui avait prodigué, elle avait savouré la douceur de ses paroles, vénéré le respect qu'il imposait au-delà des apparences. Le monde était devenu différent auprès de lui, moins terrifiant, moins étouffant, moins contraignant. Il lui avait montré qu'on pouvait être libre de ses choix, être acteur de sa vie et elle lui en était infiniment reconnaissante car désormais elle pouvait partir sereine...*Partir? Mais à quoi je pense encore une fois???* Sa conscience la suppliait intérieurement de quitter ce monde inadéquat, et sur le sol de la cafétéria Hécate approuvait d'un hochement de tête. *Non mais c'est quoi ce délire? D'abord les ombres qui me poursuivent, maintenant ma conscience qui me parle? Il faut absolument que je parle au Dr Senou...*

Cette fois Hécate n'approuvait pas...pas question d'aller voir le Docteur qui la renverrait bien au chaud dans les méandres de l'inconscient. Elisa observa incrédule cette ombre au sourire perverse et au regard tranchant gesticuler sur le sol...*ça ne pouvait être réel... Aaaaaah...* Hécate se rua au cou de l'étudiante, lui enserra la gorge de ses mains illusoires, cherchant à extraire le peu d'oxygène contenu dans son corps amaigri par la privation de nourriture. Sous l'effet de la strangulation la panique s'empara de la jeune femme, aucun son ne sortait de sa gorge, seul l'air emmagasiné formait un nuage vaporeux. Son souffle ralentissait, l'énergie quittait son corps, ses mains brassaient le vide, ses jambes mollissaient tandis qu'elle remettait sa vie entre les mains de ce fantôme mythologique. Lutter était devenu inutile, son corps sombrait doucement dans l'inconscient épuré de toute douleur mentale ou physique.

Que s'est-il passé? Quelqu'un connaît-il son prénom? A-t-elle mangé dernièrement?
Manger.
Mais oui bien sûr que j'ai mangé, un sandwich thon-mayonnaise. Pourquoi ces questions? Où suis-je?
Lentement ses yeux s'ouvrirent, elle ne distinguait rien car au dessus d'elle la lumière éblouissait son regard évanoui, puis l'éclairage s'assombrit laissant place à un visage inconnu. Hécate? Non cette fois les deux billes fixées sur elle n'avaient aucune lueur perverse mais plutôt bienveillante. *Vincent?*
- Qui est Vincent? s'entendit-elle demander. Mademoiselle?
Zut! Elle venait de penser à haute voix. Mais qui était cet inconnu penché sur elle, si près qu'elle reconnut la fragrance de Thierry Mugler qui parfumait délicieusement sa peau? Il se présenta répondant à sa question muette.
- Mademoiselle? Je m'appelle Eric Sagnier, je suis sauveteur-secouriste des pompiers de Paris. Savez-vous quel jour on est?

Sauveteur-secouriste? Que m'est-il arrivé? Quel jour on est? Oui ça je sais...
- Le 6 mai.
- Très bien répondit le pompier avec un sourire indulgent.
- De quelle année?
- 2003.
- Parfait. Savez-vous ce qui vient de vous arriver?
- Je n'en ai aucune idée.
- Vous avez perdu connaissance pendant plusieurs minutes.

Alors cette sensation de sombrer?! Je n'ai pas rêvé... Interloquée elle cherchait une réponse dans le regard du pompier mais celui-ci demeurait impassible. Autour d'eux des dizaines d'étudiants se pressaient pour satisfaire leur curiosité. Allongée sur le sol un coussin sous la tête elle voyait leurs yeux inquisiteurs, certains prenaient même des photos! Ce n'était pas tout les jours que leur petite vie d'étudiants pépères offrait des potins croustillants. Le directeur de l'école Armand Derhy intervint pour disperser la foule dépitée qui s'éloigna en marmonnant au grand soulagement d'Elisa. Son bras droit était sensible, elle baissa les yeux dans cette direction pour constater que le pompier au parfum enivrant avait mis en place le brassard d'un tensiomètre qui se serrait pour calculer la tension de l'étudiante.

- 10/6 annonça le pompier. C'est léger. Etes-vous sous traitement médicamenteux particulier ces temps-ci?
- Vous voulez dire autre qu'une pilule contraceptive? questionna t-elle sur un ton plus moqueur qu'elle ne l'aurait voulu.
- Oui, rétorqua t-il avec l'ombre d'un sourire.
- Je prends du Fluoxétine et du Lexomil, admit-elle rougissant et espérant en elle-même qu'il ignorât ce dont il s'agissait. Mais visiblement il savait....
- Sacré cocktail , plaisanta Monsieur "fragrance Thierry Mugler". Depuis combien de temps en prenez vous?
- J'ai commencé hier soir.
- C'est sans doute la raison pour laquelle vous vous êtes sentie mal. Ce type de traitement peut entraîner des vertiges, des effets de somnolence accrus chez les personnes sensibles.
Sensible. Que veut-il dire par là? Que je suis une gamine faible incapable d'encaisser les médocs. Je vais lui montrer à Monsieur le sauveteur-secouriste...
Ses yeux lancèrent des éclairs en direction du pompier qui apposa doucement ses mains sur ses épaules lorsqu'elle fit une tentative pour se lever.
- Doucement Mademoiselle, êtes vous certaine de savoir vous lever? Je vais vous aider au cas où vous perdriez l'équilibre. Allez on y va.

Glissant un bras sous ses épaules il l'aida à se hisser sur ses pieds. Son parfum lui chatouilla de nouveau les narines. Elle s'étonna de n'avoir finalement aucune difficulté à revenir sur le plancher des vaches et remercia d'un sourire affable le sauveteur-secouriste.
- Est-ce que ça va s'enquit-il?
- Oui je me sens fatiguée, mais ça va.
- Vous devriez rentrer chez vous, on peut vous ramener si besoin.
- Non ça ira, je n'habite qu'a 20 minutes en transport.
- Certaine? insista t-il.
- Tout à fait.
- Très bien, dans ce cas je vous souhaite bonne continuation et surtout soyez prudente avec vos médicaments. Je vous suggère de revoir votre médecin qui pourra éventuellement réadapter le dosage.
- Oui monsieur.
Il enfourna son matériel médical de premier secours dans un grand sac à dos rouge puis il tourna les talons.
- Le dosage de quoi?
La question la fit sursauter. Cette voix...Elle se retourna et la stupeur figea son visage, aucun son ne sortit de sa bouche.

Chapitre 18 : Viviane Mercier

Elle boutonna son chemisier en soie blanche puis ajusta la jupe de son tailleur. Elle se rendit ensuite dans la salle de bains où elle se posta devant le miroir dont se servait sa fille chaque jour pour se préparer. Minutieusement elle appliqua d'abord une crème anti-âge puis un fond de teint fluide abricoté. Elle poursuivit en faisant glisser avec des gestes précis le pinceau en mousse sur ses paupières étalant du fard cuivré sur le bord extérieur puis un beige irisé à l'intérieur. Elle ajouta un très fin trait de crayon noir à la lisière supérieure et inférieure de ces cils, avant de terminer par un mascara noir hors de prix de chez Lancôme. Une petite folie qu'elle s'était permise grâce à son salaire de cadre plus que convenable. Un blush aux nuances abricot trop mûr vint compléter le masque ainsi qu'un rouge à lèvre rouge sombre. Elle s'observa un instant. A quarante-cinq ans, Viviane Mercier demeurait physiquement une belle femme, de minuscules rides naissaient au coin de ses yeux et à la commissure de ses lèvres mais cela n'enlevait rien à son charme. Satisfaite de la femme qu'elle voyait dans le miroir elle quitta la salle de bains, elle prévoyait d'aller faire un peu de shopping pendant l'absence d'Elisa. Les occasions étaient bien rares avec ses horaires de travail mais depuis quelques temps elle apprenait à se ménager quelques créneaux pour se faire plaisir. Ce changement dans ces habitudes, elle le devait à Francis, rencontré quatre mois plus tôt lors d'un repas organisé pour le départ en retraite du Dr Aymard, un médecin du service de neurochirurgie où elle travaillait. La fête avait eu lieu chez lui, rassemblant pour l'occasion sa famille, ses amis proches et ses collègues les plus estimés. Fière de compter parmi ces derniers, Viviane Mercier s'était rendue à la réception toute pimpante dans sa robe de soirée rouge corail, cintrée à la taille par une ceinture en soie chocolat, un décolleté qui mettait en valeur sa poitrine de femme mûre, une étole en tulle rouge transparent, tombant sensuellement sur ses épaules et des talons hauts perchés. Elle avait quasiment volé la vedette du jeune retraité et attiré par la même occasion le regard de Francis un ami de longue date du Dr Aymard.

Grand brun élancé au regard pétillant, il l'avait dévoré des yeux toute la soirée tandis qu'elle ne parlait que de son travail qu'elle chérissait par-dessus tout. Il s'était montré intéressé et patient, buvant ses paroles avidement et avait attendu de pouvoir s'immiscer dans la discussion sans rien dire.

- Je sais tout de vous alors sauf votre prénom, avait-il plaisanté.

La question la surprit, elle ne s'était pas rendue qu'elle accaparait toute la conversation. En guise d'excuses elle révéla son prénom et

s'enquit de celui de son interlocuteur très amusé de sa réaction.
- Je m'appelle Francis, je suis enchanté de vous connaître Viviane.
- Je vous prie de m'excuser, j'espère ne pas vous avoir trop ennuyé.
- Pas le moins du monde, lui avait-il susurré avec un sourire radieux.
- Et alors que faîtes vous dans la vie, Francis?
- Je suis chef d'entreprise. Je vends des sex-toys partout à travers le monde.
Choquée, Viviane avait brusquement perdu sa bonne humeur et son visage trahissait son mépris à l'égard de cet homme qui criait sans vergogne qu'il vendait des objets pour le plaisir sexuel. Francis, lui, fut pris d'un fou rire incontrôlable devant sa mine renfrognée. Il riait à gorge déployée et de bon cœur ce qui eût le don d'agacer sérieusement l'intransigeante femme qu'était Viviane Mercier. Devinant qu'elle l'avait pris au sérieux, il avait soudainement cessé de rire.
- Viviane, je blaguais, vous n'avez tout de même pas cru que je vendais des sex-toys?
Confuse, elle aurait voulu se glisser dans un trou de souris.
- Ce que vous avez dit à l'instant..
-N'était pas vrai, acheva t-il.
- Vous n'êtes pas chef d'entreprise alors?
- Si jusque là je n'ai pas menti. Ma véritable activité consiste à intervenir en dépannage sur les réseaux informatiques des entreprises.

Lorsqu'un serveur tombe en panne par exemple, j'interviens pour identifier l'origine de la panne et procéder aux réparations nécessaires.
- Vous faîtes ça depuis longtemps?
- Dix ans, m'dame. Il lui adressa un clin d'œil taquin.

La soirée s'était poursuivie dans une ambiance plus détendue et elle n'était pas parvenue à se détacher du beau Francis, captivée par ses récits, par sa légèreté d'expression et son humour constant. Elle ne s'était pas attendue à ressentir de telles émotions, elle qui était toujours figée dans son rôle de mère parfaite et de chef de service impitoyable. Francis avait su lui faire tomber le masque et c'était tout naturellement qu'ils avaient convenu de se revoir. Quelques semaines plus tard, leur complicité s'était muée en relation amoureuse qui permettait désormais à Viviane Mercier de prendre un peu de distance avec son travail et de profiter de cet homme qui la couvrait de mille et une attentions. Francis s'était vite révélé très attentionné, il multipliait les gestes d'affection, offrait des fleurs à sa dulcinée à chaque rendez-vous, lui préparait un petit déjeuner délicieux à chaque week-end passé ensemble. Père de deux enfants de onze et huit ans, divorcé depuis cinq ans il n'avait pas imaginé refaire sa vie, mais le charme de cette magnifique veuve de quarante-cinq ans l'avait envouté. Par ailleurs, Viviane avait découvert qu'il était non seulement un chef d'entreprise talentueux et renommé mais il avait également la grande qualité à ses yeux d'être surdoué et ses enfants avaient hérité de ce gène. Il avait étudié dans les meilleures classes préparatoires et intégré la prestigieuse école de commerce dont elle rêvait pour sa fille, HEC. Son côté perfectionniste avait été bluffé par l'impressionnant curriculum vitae de Francis et il n'en avait pas fallu plus pour qu'elle succombe.

Après quatre mois, ils avaient tous deux appris à se connaître et d'un commun accord, ils décidèrent de pousser l'aventure plus loin en emménageant ensemble. Ils devaient chacun l'annoncer à leurs enfants respectifs, c'était la raison pour laquelle Viviane avait décidé de rendre visite à Elisa ne voulant pas évoquer ce sujet important par téléphone. En dépit de son apparente désinvolture vis-à-vis de sa fille, elle savait à quel point cette dernière chérissait son père et appréhendait sa réaction lorsqu'elle lui apprendrait qu'un autre homme enfilerait le costume de l'homme de la maison.

Enfant, Elisa était une enfant discrète qui portait une affection sans limites à son géniteur. Très rapidement, un lien unique s'était tissé entre eux, un lien que Viviane ne comprenait pas, qu'elle jalousait même secrètement. Certes, elle n'avait jamais compris ce dont parlait les autres mamans, elle ne ressentait pas pendant la grossesse la proximité avec son bébé. Peut être était-ce dû au fait qu'elle ne voulait pas devenir maman si vite, elle nourrissait des ambitions professionnelles depuis sa majorité, mais elle les avait mises sur le côté les premières années de sa relation avec Dany le père d'Elisa. Elle lui avait consacré tout son temps, enfoui en elle ses désirs de réussite et accordé tout ce qu'il demandait par peur de le perdre. Il avait été fou de joie en apprenant sa paternité à venir, elle avait feint être heureuse également. Les trois premiers mois avaient été un calvaire, nausées et vomissements lui interdisaient toute nourriture le matin, sa poitrine avait doublé de volume et lui faisait horriblement mal. Enfin vers le quatrième mois, les effets indésirables s'étaient atténués mais rapidement d'autres complications survinrent et Elisa montra sa frimousse avec deux mois d'avance sur le terme prévu. Bien trop tôt au goût de Viviane qui ne s'était toujours pas habituée à l'idée d'être mère. Dany s'était montré exemplaire dés les premières semaines avec la petite, il se levait à chaque pleur nocturne pour que sa femme se repose, dans ses bras Elisa semblait toujours s'apaiser comme par magie. Elle s'était écartée lentement de son rôle de mère et avait laissé à Dany le soin de gérer les repas, l'habillement, le bain, les instants de jeu. Plus le temps passait et plus elle s'effaçait de la relation mère-fille, ce que Dany finit par lui faire remarquer alors qu'elle se plaignait qu'Elisa soit plus démonstrative envers son père qu'envers elle. Au fond elle enviait leur relation, et elle en voulait à Elisa de lui voler l'amour de Dany qui consacrait tout son temps à sa fille, leur couple en pâtissait. Chaque soir la petite fille se jetait dans les bras de son papa avant d'aller dormir pour lui faire de nombreux câlins et bisous, quant à sa mère elle devait se contenter d'un rapide bisous arraché au moment du coucher. Viviane avait fini par s'en contenter et en avait profité pour tout doucement préparer sa carrière professionnelle. Mais alors qu'Elisa s'apprêtait à souffler les bougies de son quatrième anniversaire, un drame les frappa. En rentrant du travail, la voiture de Dany avait été percutée par un poids lourd, éjectant le malheureux hors de sa voiture, on retrouva son corps brisé de la tête aux pieds à plus de quinze mètres du véhicule. Tué sur le coup, il laissa derrière lui sa petite fille adorée qui ne comprit pas pleinement à cette époque le sens du mot "décédé", et Viviane n'eut d'autre choix que de se montrer forte dans l'épreuve. Elle était désormais l'unique responsable légale d'Elisa et elle devrait l'éduquer, l'accompagner dans sa vie d'enfant, la mener vers l'âge adulte. Dany faisait ça bien mieux qu'elle, aussi craignant qu'on lui reproche de ne pas savoir s'occuper de sa fille, elle commença à lui imposer un mode de vie strict, lui acheta des tenues de petite fille modèle: souliers vernis, chemisiers en percale blanc, jupes en velours. Elle s'acharna à ce que tout soit toujours parfait car l'image que véhiculait Elisa était aussi la sienne. Au fil des années cela tourna à l'obsession, elle refusa que sa fille n'interfère dans ses décisions, elle exigea d'elle, politesse, soumission, obéissance, et des résultats scolaires irréprochables. La fillette en manque de l'affection paternelle reporta toute son attention sur cette mère maniaque de la perfection, et innocemment elle prit toutes ses marques d'intérêt pour de l'amour. C'en était terminé des câlins tendres et affectueux, des moments de complicité, à la place elle avait droit à des chaussures neuves, des coupes de cheveux chez le coiffeur, des dents blanches, des ongles propres, des livres éducatifs pour alimenter sa culture générale.

En 1991, l'évènement tragique qui emporta leur maison brisa définitivement toute possibilité de lien affectif entre la mère et la fille. Viviane ne s'occupait plus d'Elisa que par obligation et celle-ci continuait de subir ses exigences, n'ayant pas d'autre choix que de suivre sa mère dont l'obsession de la perfection s'accrut encore. Ce que la jeune Elisa ignorait, c'était que sa mère avait été profondément affectée par l'incendie, elle y avait perdu son identité. Les souvenirs, les photos s'étaient évaporés dans les flammes, plus rien ne la rattachait à son passé comme si elle n'avait jamais existé. Elle se sentait terriblement seule, sans repères, sans marque d'appartenance, sans lien. Il n'y aurait plus jamais d'albums souvenirs à regarder avec nostalgie, les moments heureux étaient effacés laissant seulement dans sa mémoire une empreinte qui disparaissait un peu plus chaque jour qui passait. Face aux éléments elle n'avait eu aucun moyen de lutter pour survivre, il lui avait fallu s'accrocher aux seules choses sur lesquelles elle pouvait exercer un contrôle total: sa fille et son travail. Elle s'y était employée avec ferveur et elle pensait avoir réussi jusqu'au jour où Elisa lui avait annoncé qu'elle n'irait pas rejoindre les bancs de HEC. La colère qui s'était emparée d'elle cachait une profonde blessure, elle avait reçu un choc énorme à l'annonce de la nouvelle, elle avait échoué et se retrouvait une nouvelle fois seule. Après tout ce qu'elle avait fait pour que sa fille ait le meilleur, elle ne comprenait pas sa décision et par désespoir elle avait fini par accepter son choix, terrorisée à l'idée que celle-ci puisse rompre pour de bon le minuscule lien qui les liait encore. Elle avait conscience que l'amour maternel ne se résumait pas à offrir à son enfant tout ce dont on estime qu'il ait besoin, cependant elle ne connaissait aucune autre façon d'aimer. Grâce à Francis, elle redécouvrait petit à petit le bonheur, les sentiments, des émotions refoulées depuis trop longtemps. Elisa comprendrait-elle? La sonnerie de son téléphone portable l'interrompit dans ses réflexions. Le numéro qui s'affichait commençait par 01, elle ne connaissait pas le numéro et allait reposer le téléphone sans répondre quand elle se rappela qu'en Ile de France tous les numéros commençaient par cet indicatif. Elle décrocha, une voix masculine lui répondit.

- Madame Mercier?
- Oui?
- Bonjour Madame, je me présente Armand Derhy directeur de l'Ecole Supérieur de Gestion.

Pourquoi l'école appelait-elle? Y-avait -il un problème avec Elisa? Malgré son manque d'affection maternelle, son cœur se serra.

- Que se passe t-il?
- Votre fille a eu un malaise. Elle va bien, ajouta t-il rapidement. Mais j'ai pensé qu'il fallait mieux vous prévenir.
- Vous avez bien fait, je vais venir la chercher.
- D'accord. A tout à...

Elle raccrocha avant même que le Directeur n'ait terminé sa phrase.

Chapitre 19 : Ultimatum

- Alors, le dosage de quoi? Elisa?
Oh mais ce n'est pas possible, qu'est ce qu'elle fiche ici? Sur le sol Hécate était en train de jubiler. Elisa riva son regard à celui de sa mère, tentant de comprendre comment elle avait atterri là. Acculée, au pied du mur, elle sut à cet instant que la vérité, qu'elle avait si habilement dissimulé la veille, était sur le point d'éclater. Elle ouvrit la bouche pour parler, dans le même temps elle réfléchissait vainement à une alternative.
- Je...*Non impossible de lui lâcher comme ça que je suis en pleine dépression.* Une vague de désespoir et de lassitude l'envahit, tout ça l'épuisait mentalement et physiquement, toutes ces questions, ces mensonges, ces manœuvres pour tromper les apparences. Il fallait que ça cesse et le moment semblait venu. Elle prit une profonde inspiration et entreprit de dévoiler la vérité à sa mère.
- Maman, il faut que je te dises....

L'arrivée du Directeur, Armand Derhy suspendit sa phrase, il s'avança vers Viviane Mercier avec un sourire aimable et compatissant bien trop sincère au goût d'Elisa. S'approchant de sa mère il lui serra la main dans un geste franc.
- Bonjour Madame Mercier. Nous nous sommes déjà rencontrés je crois.

- En effet, répondit cette dernière avec une expression de joie légèrement hautaine. Visiblement elle appréciait qu'il l'ait reconnue.
- Je suis désolé pour le dérangement, s'excusa le Directeur. Je ne savais pas que votre fille revenait parmi nous aujourd'hui , sinon nous aurions pris soin de lui aménager quelques temps de pauses supplémentaires afin que la reprise se passe au mieux pour elle.
Elisa s'empourpra puis pâlit. *Il ne va quand même pas lui dire que je suis absente depuis plusieurs semaines...*Elle observait leur échange avec effroi. Viviane Mercier affichait un air éberlué et interrogateur.
- Sauf votre respect Mr Derhy, pourquoi Elisa aurait-elle eu besoin de temps de pauses supplémentaires?
- Et bien, d'après ce qu'on m'a dit votre fille a été fort malade ces dernières semaines, expliqua t-il confusément.
- Certes oui elle m'en a parlé, mais ce n'était qu'une grippe. Cela ne nécessite aucun aménagement, Elisa va mieux.
Le regard de la jeune femme se balançait de l'un à l'autre soulagée de constater que pour le moment sa mère abondait dans le même sens que le Directeur. Mais elle devinait que celui-ci était en train de comprendre que Viviane Mercier ignorait une partie de l'histoire. Réputé pour son tempérament paternaliste avec ses étudiants, allait -il lui sauver la mise?

- De toute évidence ça l'a affecté plus qu'il n'y paraît, reprit-il. Je suggère qu'Elisa rentre se reposer pour aujourd'hui et elle nous reviendra demain en pleine forme, ajouta t-il à l'attention de l'étudiante avec un sourire entendu.

Etonnamment, Viviane Mercier ne revendiqua pas. Après avoir chaleureusement remercié le Directeur de l'avoir prévenue et de son accueil toujours aussi cordial, elle fit signe à Elisa qu'il était temps de partir. La jeune fille s'en voulut de n'avoir pas pu dire un petit mot à Fred qui l'avait aidé, et qui devait être mort d'inquiétude après ce qui s'était passé. Sur l'ordre du Directeur tous les étudiants étaient retournés en cours et à cette heure les couloirs étaient déserts. Elle suivit sa mère et monta en voiture sans un mot, espérant qu'elle ne lui poserait pas de question, mais elle la connaissait suffisamment pour savoir qu'elle ne lâcherait pas prise tant qu'elle n'aurait pas éclairci certains points. Sa question lui revint en mémoire, *le dosage de quoi Elisa?* Tandis que la petite C3 bleue métallisée sillonnait le bitume parisien, Elisa songeait à la conversation difficile qui l'attendrait en arrivant chez elle. Elle se prépara mentalement à essuyer une nouvelle tempête.

Une fois rentrées à l'appartement, Viviane Mercier exigea des comptes. Cette fois encore, Elisa eut la désagréable impression que sa mère lisait en elle et elle se changea en une petite fille soumise, terrifiée par l'autorité maternelle comme ce jour où sa mère avait découvert le vol des bonbons...

- Alors Elisa, nous sommes seules maintenant. Pas question de me raconter je ne sais quel bobard, le Directeur semblait bien prévenant à ton égard. Ce n'est certainement pas en raison d'une malheureuse grippe, n'est-ce pas? interrogea t-elle d'un ton accusateur.

Elisa était jugée coupable avant même d'avoir pu plaider sa cause. Elle opta pour la franchise, elle avait besoin de se libérer, et dans un moment de besoin désespéré d'affection elle se surprit à espérer que sa mère puisse la réconforter, l'aider à comprendre ce qui lui arrivait, à sortir de cette impasse. *J'ai tant besoin que quelqu'un me prenne dans ses bras, me rassure.* Sa conscience pleurait à chaudes larmes lorsqu'elle entama son plaidoyer.

- Je ne t'ai pas dit toute la vérité Maman. Elle ne pouvait plus reculer, cette simple phrase en disait long.

- Je t'écoute, répondit Viviane Mercier d'un ton impatient. Qu'as-tu à me dire?

- J'ai été absente plus longtemps que ce que je t'ai dit hier. La vérité c'est que je ne suis pas retournée en cours depuis le 8 avril.

La fureur qui habita le corps de sa mère à l'énoncé de cette vérité terrifia Elisa. Elle comprit alors qu'il était vain d'espérer un peu

de compassion et de tendresse. *Comme toujours d'ailleurs*. Lorsque celle-ci s'adressa à sa fille, sa voix frôlait l'hystérie.
- Tu te fous de ma gueule Elisa? Un mois, un mois sans aller en cours!! MAIS QUE T'ES T-IL PASSE PAR LA TETE BON SANG! hurla t-elle. J'EXIGE IMMEDIATEMMENT UNE EXPLICATION VALABLE, UN TEL COMPORTEMENT EST ABSOLUMENT IN-TO-LE-RA-BLE!!!
Ses yeux crachaient des flammes rouges vif, sa colère explosait. Rien ne l'apaiserait, pas même la vérité, mais la jeune étudiante n'avait guère le choix. Les larmes ruisselèrent sur ses joues pâles et à la manière d'une enfant fautive, elle se justifia.
- Je suis en dépression, asséna t-elle. Le médecin m'a prescrit des antidépresseurs et un anxiolytique.
- En dépression, répéta sa mère incrédule. Mais ma petite fille sais-tu seulement ce qu'est la dépression. Tu oublies à qui tu t'adresses là! Les gens en dépression finissent dans des chambres capitonnées bourrés de médocs, ce sont des gens à tendance suicidaire, ça ne tourne pas rond dans leur tête. La dépression c'est dans la tête ma petite fille, je ne sais pas quel médecin t'a fourré cette idée saugrenue mais tu n'es pas plus en dépression que moi.
- Je t'assures que si...

- Ah tu m'assures? Tu veux m'apprendre mon métier, je te rappelle que le suis chef du service de neurochirurgie et qu'avant ça j'ai travaillé en psychiatrie , j'en ai vu passer des gens dépressifs en vingt-cinq ans de métier. Si tu étais en dépression, crois moi je le saurais! Alors maintenant tu vas arrêter tes caprices et tu vas m'écouter attentivement.
- Oui maman, gémit-elle de sa voix de petite fille.
- Très bien. Tu vas arrêter ces saloperies de médicaments qui te bousillent la cervelle. La semaine prochaine tu as tes partiels à passer. Tu vas donc me faire le plaisir de bosser, de réviser même si tu dois le faire jour et nuit. Ensuite tu te présenteras à tes examens, et crois-moi je vais appeler l'ESG pour être certaine que tu es bien là, Tu as plus qu'intérêt de les réussir.
- Oui maman.
- Je n'ai pas terminé! aboya t-elle. Si par malheur tu échoues à tes examens non seulement je te coupe toutes les vivres, mais en plus je m'arrangerai pour te faire interner dans une jolie chambre aux murs blancs, avec pour seule compagnie un lit en fer et une table de nuit histoire que tu puisses réfléchir à tes actes. Me suis-je bien fait comprendre?
- Oui maman, répéta t-elle pour la troisième fois.
- Plus fort, je n'ai rien entendu! vociféra sa mère.

- OUI MAMAN.
- Très bien. Maintenant je vais faire mes bagages, et je m'en vais, tu ne mérites pas que je restes là à te regarder te morfondre dans ta soi-disant dépression. Au fait, c'est quoi le nom de ces médicaments?
- Fluoxétine 20mg deux fois par jour et Lexomil 6mg pour le soir, avoua t-elle honteuse.
- Et bien, il n'y a pas été avec le dos de la cuillère ton médecin. Pas étonnant que tu te sois trouvée mal. Au moins ça m'aura permis d'apprendre la vérité avant qu'il ne soit trop tard.

A peine une demi-heure après cette distribution d'ordres, le Général Mercier quittait Maisons-Alfort pour retourner dans ses quartiers. Dérangée par ces évènements imprévus, elle avait fait l'impasse sur ses projets avec Francis. Peu lui importait pour le moment ce qu'Elisa en penserait, sa fille était allée trop loin avec son histoire de soi-disant dépression. En colère, blessée dans son amour-propre elle avait préféré battre en retraite, s'éloigner le plus possible des caprices de sa fille. Elle ne croyait absolument pas que cette dernière puisse être en dépression. C'était devenu le terme à la mode en médecine, un coup de blues et hop on rangeait le patient dans la case "dépressif", quelques doses d'antidépresseurs plus tard et on les retrouvait complètement paumés, abrutis par le cocktail chimique dévastateur. Hors de question de laisser sa fille qu'elle avait éduquée à la perfection s'empêtrer dans ces sornettes.

De nouveau seule chez elle Elisa s'effondra en larmes. Les deux jours écoulés avaient été une véritable torture, tant de choses en si peu de temps. Elle avait eu la naïveté de croire que sa mère avait un cœur, il n'en était rien. A ses yeux Viviane Mercier était un monstre à l'âme scellée dans la pierre pour l'éternité. Elle ne l'avait pas crue, *pourquoi?* La réponse semblait évidente, Elisa avait tout fait depuis un mois pour que personne n'en sache rien, elle avait menti au personnel de l'école, menti à Fred, à sa mère, à elle -même. Elle avait refusé de voir ce qui se tramait en elle et malgré le verdict du médecin elle n'y croyait pas vraiment non plus. Elle avait désespérément besoin de réconfort, de quelqu'un qui la rassure, mais elle était si seule enfermée à l'intérieur de son propre corps. Elle réalisait progressivement que depuis plusieurs semaines elle n'avait fait que vivre dans une bulle, dont la paroi lui permettait seulement d'observer en spectateur le monde extérieur. Dehors la vie continuait, mais en elle son âme s'essoufflait, sa conscience s'amenuisait, elle suffoquait, consumée par un mal être invisible aux yeux de tous.

Cela expliquait pourquoi personne ne voyait Hécate l'ombre perfide qui la persécutait, tout ça se passait dans sa tête, dans son univers à elle. Les médicaments contribuaient à la maintenir isolée du reste du monde, embrouillant ses connexions neuronales, falsifiant la cohérence de ses pensées, occultant les difficultés. Elle donna libre cours à sa souffrance durant une bonne heure avant de se ressaisir un peu. Elle démarra l'ordinateur et s'installa face à l'écran. Une fois en route, elle s'empressa de se connecter sur Messenger, il était vital qu'elle se confie, elle espérait trouver Vincent. Ses espoirs furent récompensés par un smiley souriant qui s'afficha sur son écran avant qu'elle n'ait le temps de réagir. Elle répondit par un smiley en larmes qu'elle répéta sur une ligne entière.

Vince59 dit :

Que se passe t-il?

Carpediem75 dit:

Peut-on s'appeler? Je n'ai vraiment pas envie d'en parler par écrit.

Vince59 dit:

Oui, appelles moi. Voici mon numéro 0320212223.

Carpediem75 dit : à tout de suite.

Elle composa rapidement le numéro sur son téléphone, Vincent décrocha dés la première sonnerie.

- Allo?

Sa voix douce était un véritable baume apaisant.
- Vincent?
- Oui. Alors que se passe t-il?
- Je ne vais pas bien du tout, il s'est passé plein de choses en deux jours et ma mère a appris mon absence en cours. Elle a pété les plombs.
- C'est-à-dire?
- Elle a menacé de me couper les vivres et de me faire enfermer à l'HP si je ne réussissais pas mes examens.
- Quoi?! Mais elle est folle ou bien quoi? Pourquoi elle veut faire ça?
- Parce que je lui ai dit que le médecin m'avait mis sous antidépresseurs.
- Tu devrais pas prendre ce genre de médocs, c'est pas bon pour toi.
- J'en ai besoin, je n'ai pas le choix. Si je les prends pas je crois que je vais finir par faire une très grosse bêtise.
- Du genre?
- Tu as très bien compris de quoi je parle, Vincent.
- Si tu fais quoi que ce soit je ne te pardonnerai pas et tu pourras faire une croix sur moi.
- Pourquoi ça t'affecte autant?
- Parce que je tiens à toi...beaucoup.
- Oh...
- Ecoutes, si tu veux je viens passer le weekend chez toi.
- Tu ferais ça?

- Oui, tu ne veux pas?
- Oh si!
- Alors on se voit samedi.- Je vais devoir te laisser, je dois partir. A tantôt.
- A tantôt?
- Oui ça veut dire à bientôt.
- D'accord, à tantôt alors. Au revoir Vincent.

Elle raccrocha avec un pincement au cœur, partagée entre la sensation agréable de savoir que Vincent tenait à elle et le sentiment de vide qui se faisait encore plus lourd chaque fois que se terminait une conversation avec lui. *Je n'ai pas envie de le perdre, c'est étrange de penser ça d'une personne qu'on connaît si peu. Il me manque cruellement. Pourquoi?* Ne s'attardant pas davantage sur son interrogation elle sortit son journal, écrire lui ferait du bien.

Cher journal,
Nous sommes le mardi 6 mai 2003. Je viens de passer les deux jours les plus éprouvants de ma vie. J'ai appris que j'étais en dépression. Oui, en dépression. L'écrire me file la chair de poule, je ne parviens pas à comprendre ce qui m'arrive. Tout se bouscule en moi, mes certitudes, mes émotions, mes sentiments. Je sens que j'étouffe de plus en plus, comme si à l'intérieur la souffrance, la colère, le manque d'affection s'étaient unis en une immense boule qui enfle un peu plus

chaque jour. Elle est sur le point d'exploser, je suis sur le point d'imploser. J'ai bêtement espéré que ma mère comprendrait. Je lui ai tout révélé, je n'avais pas le choix de toute façon, sinon elle m'aurait harcelé jusqu'à ce qu'elle sache tout. Elle m'a ri au nez, elle ne me croit pas. Selon elle dépression rime avec folie. Suis-je folle? Suis-je en train de le devenir?
Aujourd'hui, je suis allée en cours et à plusieurs reprises j'ai vu...j'ai vu mon ombre sur le sol, mais elle n'était pas habituelle. Cette ombre ne me ressemblait pas, ne reflétait pas ma silhouette. Elle me fixait avec une lueur sournoise dans les yeux, elle se tenait droite, en alerte, telle un félin prêt à bondir sur sa proie. Je l'ai surnommée Hécate, comme le personnage de la mythologie, car elle représente la lune noire, symbole de la mort. J'ai peur à chaque crépuscule que cette angoisse prenne vie, de voir une lune noire se dresser dans le ciel, me signalant que la fin est proche pour moi. Mourir ne me fait pas peur. En revanche, l'idée de mourir dans avoir vécu me met au supplice. Je n'ai que vingt-deux ans, je trouve injuste à mon âge de devoir combattre une dépression, lutter pour ma survie. Je devrais être en train de m'épanouir dans les bras d'un petit copain, de fêter la fin d'année avec des amis, de réviser pour mes partiels...

Tout ça n'a plus aucun sens pour moi. Ma mère voudrait que je révise, jour et nuit s'il le faut, ce sont ces mots. De toute façon je n'ai quasiment plus de notes, tout est à la poubelle. Tout est en train de se disloquer, comme ma misérable vie. Le problème est que si j'échoue, elle va me faire interner. Elle est tout à fait capable de mettre ses menaces à exécution. Je ne supporterais pas l'enfermement...ce serait le pire des châtiments. J'essaie de ne pas y penser pour l'instant, il ne me reste que quelques jours. Quelques jours avant que mon sort ne soit définitivement entre ses mains. Si seulement je pouvais m'échapper, tout abandonner là, recommencer...

Le week-end arriva enfin. Elle était d'une humeur exceptionnellement enjouée malgré les circonstances. Les médicaments l'assommant, elle ne parvenait plus à fixer son attention que sur une seule chose à la fois. Elle avait donc choisi de se concentrer sur l'arrivée imminente de Vincent, ce qui l'emplissait d'un bonheur infini. Elle tourna en rond jusqu'à son arrivée. On aurait dit une adolescente surexcitée. Lorsque l'interphone retentit, elle sentit son cœur s'accélérer. Il était là. La porte s'ouvrit sur son sourire rayonnant, lorsqu'il l'embrassa sur la joue, elle s'embrasa littéralement de l'intérieur. Etait-ce le fait qu'il allait dormir ici, chez elle, ce soir? Depuis son séjour dans le Nord, leurs relations virtuelles s'étaient intensifiées. Le cœur de la jeune femme s'emballait dés que la petite fenêtre de conversation s'ouvrait, elle ne vivait que pour ces instants. Ils décidèrent d'aller déjeuner dans une petite crêperie non loin de là. Pendant tout le repas, elle le détailla à son insu, passant en revue les petits plis discrets de son front, le bleu clair intense de son regard, son sourire ravageur. Dans l'après-midi, une visite touristique s'imposa. Après avoir découvert la fabuleuse région du nord, elle fut ravie de lui servir de guide dans les petites rues de Montmartre. A ses côtés, elle retrouva l'insouciance et la légèreté des premiers instants. Très protecteur, il restait constamment à ses côtés, son bras effleura plusieurs fois l'épaule de la jeune fille, qui tressaillait et s'enflammait à chaque contact. Elle se surprit même à s'imaginer baladant main dans la main, tel un couple d'amoureux. Cette pensée la fit rougir. Heureusement Vincent ne remarqua pas, ou du moins il ne le montra pas.

Au soir, ils dinèrent à l'appartement, puis s'assirent sur le lit où ils discutèrent deux longues heures. Elisa lui raconta plus en détails ce qui s'était passé avec sa mère, évoqua son désarroi. Assise à ses côtés, elle cherchait du réconfort, elle aurait aimé pouvoir lire au travers de son regard posé sur elle, son visage ne trahissait aucune émotion. Soudain, comme s'il avait lu dans ses pensées, il s'ap-

procha, la prit dans ses bras délicatement. Elle n'osa pas refuser, son cœur faisait des bonds dans sa poitrine, sa respiration s'accélérait, elle posa la main sur son torse, pardessus le bull blanc qui lui allait si bien. Aussi brusquement qu'il l'avait serré contre lui, il se recula, planta son regard dans le sien. Son visage prit un air grave, sérieux, comme s'il s'apprêtait à lui annoncer la fin du monde.
- Tu sais Elisa, je me demande parfois, notre relation...c'est de l'amour ou de l'amitié?
Oh non...il est sérieux là?
- Je ne sais pas quoi te dire Vincent. (Elle n'osa pas avouer qu'elle s'était déjà posée la même question). Je pense qu'on est amis.
- Je tiens beaucoup à toi.
- Moi aussi.
- Je pense tout le temps à toi, quand je travaille, quand je sors, quand je suis seul.
- Je ...euh...ça ne peut pas être plus que de l'amitié. Je ne veux pas perdre ce lien qu'il y a entre nous.
- Moi non plus. Mais...
- Mais?
- Je crois que je suis amoureux de toi Elisa. Et toi?
Il veut une réponse, là maintenant? Je suis censée dire quoi? En une fraction de seconde, tout ce qu'elle avait vécu avec lui , repassa devant ses yeux. La webcam achetée, les blagues idiotes sur le net, son séjour dans le Nord, son regard quand il l'avait accueillie à

la gare, sa tristesse de le quitter, sa joie de le voir ici...Tout était là sous ses yeux. Il fallait juste qu'elle en prenne conscience. Des larmes d'émotions jaillirent.
- Eh, ne pleures pas. Je ne t'en voudrais pas de ne pas partager mes sentiments.
- Ce n'est pas ça Vincent. Je...je crois que moi aussi je t'aime. Mais notre histoire n'est pas possible. Tu habites trop loin, j'ai ma vie ici...
- Chut, ne penses pas à tout ça.
Il se pencha vers elle, et avec une douceur infinie, leurs lèvres se rencontrèrent. Elle répondit sans hésitation à son baiser, lui laissa le champ libre lorsque sa langue glissa dans sa bouche, savoura la chaleur qui l'envahit. Il passa une main derrière sa nuque, l'attirant à lui, elle se laissa aller contre son torse, cherchant le contact. Son parfum l'enivrait, exaltait ses sens, le désir s'insinua en elle. Glissant ses mains autour de sa taille, elle le renversa au dessus d'elle sur le lit, sans interrompre le contact de leurs bouches humides, avides l'un de l'autre. A cet instant, toute idée de dépression était loin, le souvenir de l'ultimatum de sa mère ne la hantait plus. Même les médicaments ne semblaient plus l'abrutir. Etourdie par cet afflux d'émotions, elle oublia tous ses tracas. Elle profita de cette ivresse qui la gagnait. Furtivement, elle se rappela sa première fois avec Johan, le barman. Vincent n'était pas Johan. Il l'aimait, elle aussi. Peu importe qu'il se soient rencon-

trés depuis peu de temps. Il l'avait attiré dés le premier contact à la gare.

Ils se savourèrent l'un et l'autre pendant de longues minutes, enlacés sur le lit. Puis, Vincent se redressa :

- On devrait s'arrêter là.
- Pourquoi?
- Si on continues ainsi, je suis pas sûr de pouvoir m'arrêter.

Elisa se mit à rire.

- Ca te fait rire?
- Oui. Mais tu as raison, on doit rester sages, dit-elle malicieusement. A cet instant elle n'était plus une petite fille, mais une femme, capable d'éprouver des sentiments, des désirs. Ce constat la combla. D'un accord tacite, ils se couchèrent, ensemble. Vincent l'enlaça et elle s'endormit, rassurée, heureuse. Pour la première fois depuis plusieurs semaines, aucun cauchemar ne vint troubler son sommeil. Au petit matin, elle s'éveilla la première. Elle contempla l'homme endormi à ses côtés. Comme il était beau! Elle ne put s'empêcher de l'effleurer du bout des doigts, Vincent s'éveilla en grognant, avant de se rappeler où il était. Il enfouit sa tête au creux de sa poitrine, la serrant contre lui, en murmurant...*Je ne peux plus me passer de toi. Que vais-je faire sans toi...ma douce Elisa.*

La fin de journée arriva bien trop vite. Vers seize heures, Vincent dû se mettre en route pour rentrer. La séparation, déchira le cœur d'Elisa, qui ne put contenir ses larmes. Elle le vit partir, avec la sensation effrayante, qu'elle ne le reverrait plus jamais. Cette relation était vouée à l'échec, tout les opposait. Pourquoi la vie l'avait-elle mis sur son chemin pour le lui reprendre aussi vite? Une fois seule, ses démons l'assaillirent de nouveau : la solitude, le vide, le manque d'affectif.

Les jours qui suivirent furent tous identiques. Le matin elle se levait après une nuit perturbée par un cauchemar incessant, dans lequel, elle courait à la recherche d'une voix dans le lointain. Mais au plus elle avançait, au plus la route s'allongeait à l'infini, alors elle se retournait et le néant aspirait son âme, propulsait son esprit hors de son corps avant de l'offrir aux abysses glaciales du gouffre sans fin de la mort. Elle pouvait sentir les embruns mortels de l'océan, puis elle s'enfonçait dans l'obscurité laissant à la surface des vagues ses émotions dériver pour l'éternité. Apaisée elle acceptait le châtiment, elle partait...puis se réveillait en sursaut , les larmes inondant l'oreiller. Après cela, elle ne se sentait plus capable de trouver le sommeil, elle demeurait allongée dans le noir, se laissait envahir par le silence de la nuit, jusqu'à ce que l'aube naissante à travers les interstices du volet marque l'arrivée du jour suivant.

Au matin, elle peinait à se lever, elle n'avait plus goût à rien, elle buvait un café par habitude, avalait les gélules qui la maintenaient dans son état de léthargie bienveillante. Elle traînait ensuite dans l'appartement en chemise de nuit et peignoir, ne coiffait plus ses cheveux. Elle désertait littéralement la salle de bains. Dans l'évier les bols à café s'empilaient. Quant au frigo, la plupart des aliments qu'il renfermait se périmaient les uns après les autres. L'après-midi, elle arrivait à s'occuper un peu quand Chris alias Babar59000 se connectait à Messenger. Elle lui faisait part de ce qu'elle ressentait, se déchargeait temporairement de sa négativité. Ces brèves conversations s'avéraient insuffisantes pour calmer son mal être intérieur. Chaque interruption, chaque déconnection la plongeait un peu plus dans sa solitude. De temps à autre les larmes surgissaient, brutales, incohérentes, assassines. Dans ces instants, là elle s'asseyait à terre et donnait libre cours à sa douleur, tapant des poings et des pieds, jurant, gémissant, tentant d'exorciser le mal qui la rongeait, en vain. Comme si elle était possédée.

A d'autres moments, elle se sentait parfaitement lucide, en venant presque à se demander si elle avait vraiment vécu ces dernières semaines. Le soir en particulier, elle réussissait à enfouir ses démons sous une couverture, le temps d'une discussion avec Vincent. Leurs échanges duraient souvent très tard en soirée, une fois la nuit avait même passée sans qu'ils ne s'en rendent compte. Les antidépresseurs altéraient sa mémoire à court terme et elle oubliait généralement les propos qu'ils tenaient, comment parvenaient -ils à trouver des sujets de discussions qui puissent à ce point suspendre le temps? Un lien profond les liaient, elle avait besoin de sa force de caractère, de son authenticité, elle savourait sa simplicité, sa facilité à rire, ses idées bien arrêtées. Malgré leur certitude respective quant à l'avenir de leur relation, l'un et l'autre ne parvenaient pas à couper le contact. Elisa craignait parfois qu'il mette un terme brutalement à leurs échanges, qu'il ne se connecte plus et qu'elle n'ait plus jamais de nouvelles. Elle avait vite cerné sa capacité à prendre des décisions radicales, s'il décidait de rompre tout lien avec elle, ce serait irréversible. Elle n'imaginait pas sa vie sans lui, pourtant tout convergeait dans la direction opposée. Tôt ou tard ils devraient se rendre à l'évidence et faire un choix. Encore. Lorsque l'écran s'éteignait sur leur conversation, elle tentait de prolonger le plus possible le sentiment de bien être éphémère qui l'habitait. Elle inscrivait dans son journal ce qu'elle ressentait, par écrit elle s'avouait ce qu'elle se refusait à voir, la présence de Vincent lui était indispensable, vitale. Il était sa lumière au bout du tunnel. Un soir elle relut quelques passages extraits de pages écrites antérieurement.

Dimanche 4 mai 2003

Nous sommes le Dimanche 4 mai, je viens de passer la semaine la plus merveilleuse de mon existence. Vincent est un type formidable, je ne m'explique pas la relation qui s'est créée entre nous. Il m'arrive de penser que ça va au-delà de l'amitié ou de l'amour. Quoi qu'il en soit, quand je suis avec lui le vide que je ressens depuis plusieurs semaines se comble. Pourquoi? Il ne fait rien de spécial mais il est si attentionné, si protecteur. J'ai encore passé ma soirée à discuter avec lui hier, j'en avais bien besoin car le retour à la maison était difficile. Je réalise comme je me sens seule ici, sans amis, sans affection.

Lundi 12 mai 2003

Chaque jour qui passe, je sens ma volonté de lutter qui régresse, même si l'idée m'est insupportable, je sens cette dépression qui envahit mon espace vital. Elle est en train d'absorber le peu d'oxygène qu'il me reste. J'ai très peur de l'avenir, je me sens faible, physiquement et mentalement. Elle me consume à petit feu. J'ai presque hâte de voir la journée se terminer pour pouvoir me glisser dans le noir. Quand je suis dans le noir, j'ai l'impression qu'elle ne peut plus m'atteindre, je me sens bien. Les cachets m'apaisent. Ils forment une camisole rassurante qui enve-

loppe mon esprit, le protège de toute agression extérieure.
Je ne saurai dire si la dépression est un signe de faiblesse ou non. Ce que je peux affirmer, c'est que c'est une réaction humaine. Comme je suis une personne sensible, émotive, je pense que il y'avait peut être plus de " chances " que je tombe malade. Cela ne m'empêche pas de me demander, pourquoi moi?

Vendredi 16 mai 2003

Cela fait plus d'un mois que je me ronge les sangs à cause de cette foutue dépression. Je ne sais pas combien de temps je pourrai tenir ainsi. A bien y repenser, le médecin ne m'a pas précisé la durée d'une dépression. Je ne crois pas que ça puisse durer indéfiniment. Enfin je l'espère car je me sens affaiblie, anéantie, vidée de mon énergie vitale. Bientôt je n'aurai plus assez d'air. Même ma mère semble m'avoir abandonnée. Elle ne m'a pas appelé depuis son départ, et c'est mieux ainsi car malgré toute la volonté du monde je ne suis pas parvenue à retenir un seul mot de mes ridicules restes de notes de cours.

Dimanche 18 mai 2003
Je ne sais pas ce que les jours prochains me réservent. Aussi je veux consigner là mainte-

nant mes pensées. Je ne sers plus à rien dans cette vie, je paie le prix de mes erreurs, je ne veux plus devoir me justifier, affronter le regard des autres. Je souhaite de tout cœur que Vincent lise ces lignes même si cela doit signifier que je n'appartiens plus au monde des vivants.

A l'attention de Vincent :
Tu as été ma lumière quand les ténèbres ont pris possession de ma personne. Tu m'as relevée à chaque fois que je trébuchais, tu m'as soutenue sans condition, tu ne m'as pas jugée. Tu resteras pour moi l'être le plus aimant, le plus sincère de ce monde. Tu as su lire en moi la personne que j'étais vraiment, Je n'aurais pu rêver plus belle rencontre et j'aurais probablement pu devenir celle dont tu as dessiné le portrait si je t'avais connu plus tôt. Mais la vie est ainsi faite, on ne choisit pas son destin, on ne fait que suivre la route et parfois il arrive qu'on se perde. Je me suis perdue car la route que j'ai emprunté ne m'a mené nulle part. Dans ce labyrinthe qu'est la vie, j'ai un moment espéré que tu serais la lanterne qui m'accompagnerait vers la sortie, mais je n'ai plus la force de continuer. J'espère que tu me pardonneras. Lorsque le rideau se refermera sur le dernier acte de ma vie, ne sois pas triste, je partirai en emportant ton souvenir. Je suis certaine que ton chemin est encore long et plein de

belles surprises. Merci d'avoir été là pour moi.

Demain je dois passer mes partiels. Je ne me sens absolument pas capable d'aller là bas, m'asseoir gentiment et faire semblant de connaître les réponses. Je n'ai jamais échoué, jamais rendu une copie blanche, c'est totalement inconcevable. Et pourtant, moi la petite fille parfaite, je ne me présenterai pas en cours demain. Hors de question d'affronter leurs regards, leurs questions stupides!! Elle étouffa un sanglot. *Ma mère m'a tellement bien conditionnée que je n'ai jamais, non JAMAIS envisagé la possibilité de ne pas réussir. Que vais-je faire? Aller à l'école et rendre une copie blanche? ça non jamais de la vie!! Si je n'y vais pas ce sera encore pire d'affronter ma mère. Elle me reniera, m'abandonnera encore plus qu'elle ne le fait déjà, elle me coupera les vivres, je vais finir ma vie comme ces miséreux que je croise tous les jours dans le métro, on me jettera des miettes et des centimes, on me regardera avec dédain...je finirai dans la déchéance.* (Un frisson lui parcourut le dos et les épaules, l'image d'un sdf édenté, suppliant les passants lui revint en mémoire...) *Non je ne veux pas finir ainsi, je n'ai pas mérité ça, je n'offrirai pas cette satisfaction à ma mère. Pardonnes moi Vincent....pardonnes-moi.*

Elle referma le carnet en soupirant, des larmes roulèrent en silence et s'écrasèrent sur la couverture. Elle sortit le portrait que Vincent lui avait offert, le déroula et l'observa : oui, Vincent l'avait vu telle qu'elle était à l'intérieur, il avait aperçu la femme qui sommeillait en elle et l'avait couchée sur le papier, figée pour l'éternité. C'était le plus bel hommage qu'on pourrait lui rendre. Elle le prit et le posa sur le bureau à côté d'un bloc de feuilles et d'un stylo, elle inscrivit quelques mots à la va-vite, comme on note une idée soudaine. Elle s'assura qu'elle avait tout ce qu'il lui fallait et elle se coucha. Dans l'obscurité, Hécate son ombre volatile observait la scène, sereine.

Chapitre 20 : Liberté

Lundi 19 mai 2003

Ses paupières collaient, ses yeux ne discernaient rien, enfermés derrière un voile humide. La peau de son visage tiraillait désagréablement, elle avait froid, il fallait qu'elle se lève. Lentement elle tenta de rouler sur le côté pour prendre appui sur ses coudes. Au prix d'un immense effort elle parvint à s'asseoir. Sa tête tambourinait, les battements de ses tempes l'étourdissaient, son corps était trop lourd. Ses cheveux gras qu'elle n'avait pas lavé depuis deux semaines, pendaient sur ses épaules, elle portait une chemise de nuit ivoire sans forme, ses yeux s'enfonçaient sous de grosses cernes violacées.

La nuit avait été étonnamment calme malgré la douleur qui infestait son corps et la dépression qui assiégeait son esprit. Elle n'en avait pas vraiment conscience, et le capharnaüm qui régnait dans l'appartement ne suscitait aucune émotion, elle était une coquille vide. Devenue spectatrice de sa vie, elle se laissait dériver depuis deux semaines, le temps n'avait plus d'importance, elle s'était abandonnée totalement à cette nouvelle vie. Ce matin là, étrangement, elle se sentait légère à l'intérieur, délestée du poids de devoir sans cesse rendre des comptes, elle n'aurait plus à rendre les sourires forcés aux passants dans la rue, ne serait plus obligée d'adopter un code vestimentaire pour se fondre dans la masse, elle n'aurait plus à s'abrutir de cours indigestes, elle n'entendrait plus les réflexions désagréables de sa mère, qui ne l'avait d'ailleurs toujours pas appelée depuis son départ précipité. Elle laissait la vaisselle sale s'empiler, la poussière s'accumuler, les volets restaient fermés, elle mangeait n'importe quoi à n'importe quelle heure. Elle était libre maintenant, plus aucune entrave ne la retenait à ce monde auquel elle ne souhaitait pas faire partie, c'en était fini d'endosser des rôles chaque jour, d'user d'artifices pour plaire, elle n'en aurait plus besoin et ne sortirait plus jamais de cet appartement. Plus aucune question sur son avenir ne la tracassait, faire des courses, trouver un emploi, conduire, tout cela était à des années lumières de son esprit. Elle comptait bien jouir pleinement de cette liberté tant attendue. Brusquement elle éclata d'un rire nerveux qui s'ensuivit de sanglots. Elle s'était habituée progressivement à ces sautes d'humeur de plus en plus fréquentes et ne réfrénait plus ses crises de larmes subites. Elle était partagée entre le soulagement et une angoisse inquiétante qui cheminait lentement en elle, une appréhension de ce qui allait se passer dans quelques heures.

Le réveil affichait 8h30. Les étudiants devaient déjà être en train de plancher sur leurs sujets de fiscalité ou de marketing.

Qu'importe. Elisa n'y était pas, incapable de transgresser l'effet des médicaments sur sa mémoire, sur sa capacité de concentration, elle avait préféré s'abandonner pleinement aux effets pervers de la dépression. Après avoir livré un dernier message à la discrétion de son fidèle journal intime, elle s'installa à l'ordinateur, Chris était déjà connecté. Toujours aussi matinal. Un" bonjour Elisa" s'afficha auquel elle se sentit obligée de répondre.

Carpediem75 dit : Salut.

Babar59000 dit :Tu n'es pas censée être en cours à cette heure?

Carpediem75 dit : Oui. Mais je n'ai pas pu...

Babar59000 dit: Pu quoi? Te lever. (Il semblait d'humeur à plaisanter)

Carpediem75 dit: Je suis incapable de faire semblant Chris. Aller là-bas, rendre une copie blanche. Je ne peux même pas l'imaginer. Plutôt mourir.

Babar59000 dit: Dis pas n'importe quoi

Carpediem75 dit: Non je le pense.

Babar59000 dit: Tu es jeune, belle, tu as bien autre chose à penser.

Carpediem75 dit: Tu ne me prends pas au sérieux?

Elle l'invita à démarrer une conversation vidéo qu'il accepta aussitôt. Pour la première fois, elle découvrit son visage. Habituellement elle réservait ce type de discussion à Vincent. Elle ne mit pas le son, préférant écrire.

Babar59000 dit: Tu fais quoi là?
Carpediem75 dit: je te montre à quelle point je suis sérieuse...
Elle prit la boîte de Lexomil posée sur le bureau et en sortit quelques comprimés qu'elle montra devant la caméra. Elle attrapa ensuite son journal intime dont elle arracha une page, elle y griffonna quelques mots avant de le laisser en évidence sur le bureau. A l'écran, Chris leva les yeux au ciel.
Babar59000 dit: Arrêtes Elisa! Tu es folle ou quoi. Tu ne vas tout de même pas prendre des médocs? Donnes moi ton numéro, je t'appelle on en discute.
Carpediem75 dit : Non. Il est trop tard.

Derrière son écran, Chris semblait perplexe et désemparé. D'une main tremblante, elle saisit un comprimé qu'elle fourra au fond de sa gorge. Puis un second. Face à elle, Chris suppliait en silence qu'elle arrête et tapait comme un fou sur son clavier, l'exhortant à lui communiquer son numéro personnel. Elle secoua la tête en signe de refus puis avala un troisième comprimé dont le goût amer persistait sur sa langue. Chris était furieux, impuissant, trop loin pour intervenir. Elisa le savait et elle en profita de façon sadique, le torturant, le punissant indirectement pour sa douleur à elle. Elle imaginait sans peine l'issue de son geste, mais elle n'était plus en mesure de résister à la dépres-

sion qui débordait de toutes parts dans son cerveau, empoisonnait son sang, détruisait son corps à petit feu. Elle vida le contenu du petit flacon de Lexomil sur le bureau et compta...un, deux, trois....dix...quinze....vingt-huit, vingt-neuf, trente comprimés. Elle cessa de compter, après tout qu'importe le nombre. Elle s'empara d'une petite poignée qu'elle enfourna dans sa bouche sous l'œil désespéré de Chris. Elle ne sentait pas encore les effets du surdosage. Les trente comprimés disparurent dans sa gorge, des larmes se mirent à couler lentement, et tant qu'elle était encore consciente elle tapa sur le clavier.
Carpediem75 dit: Pardon Chris. Je n'ai plus la force. (Elle éteignit la webcam).
Babar59000 dit: Je t'en supplie donnes moi ton numéro, laisses moi t'appeler. Elisa!!!

Après un silence qui dura une éternité pour le jeune homme, elle consentit enfin à le lui donner et tapota fébrilement les numéros sur le pavé numérique. Il ne répondit pas et quelques secondes plus tard le téléphone sonna. Elle le regarda sonner sans réagir, lentement son corps assimilait la dose massive d'anxiolytiques. La sonnerie s'interrompit, un silence morbide s'installa dans la pièce. Les minutes s'égrenèrent, sa tête commença à tourner, les meubles, les murs, devinrent flous. Sur l'écran Chris enchaînait les "Elisa"? mais elle ne répondait pas. Le télé-

phone sonna à nouveau, elle sembla sortir un moment de son état d'hébètement et décrocha. Le combiné était trop lourd, une voix d'homme en émana:
- Vous êtes Elisa Mercier?
- Oui, répondit-elle faiblement.
- C'est le Samu, Mademoiselle. Un individu nous a appelé pour nous dire que vous aviez pris des médicaments. Est-ce vrai?
Abrutie par le cocktail de comprimés blancs, son cerveau eut bien du mal à relayer l'information. Au bout d'un long silence elle finit par répondre.
- Oui.
Elle n'avait aucunement conscience de ce qu'elle faisait.
- On va vous envoyer un médecin. Donnez-moi votre adresse.

Sans savoir pourquoi elle débita son adresse à son interlocuteur. Son cerveau n'était peut être pas encore complètement atteint par les médicaments. Elle décida de prendre deux autres comprimés. Au fond d'elle la décision était prise depuis la veille, elle ne pouvait ni affronter sa mère, ni rendre une copie blanche. Quelque soit l'option elle avait échoué, elle était sortie du droit chemin, celui là même qu'elle avait suivi toute sa vie. Elle en était persuadée, personne n'accepterait qu'une étudiante modèle se ramasse aux examens, on lui poserait un tas de questions...*Que s'est-il passé? C'est parce que tu as été malade?* Et puis viendrait le tour de Mesdames Compassion et Sollicitude. On lui trouverait des excuses toutes faites, des expressions qu'on emploie quand on ne sait pas quoi dire. Une fois de plus elle avait été naïve, elle qui rêvait d'une autre vie hors du champ d'action de sa toute puissante mère, hors des sentiers battus, une vie d'affection, de partage, de simplicité, où chacun serait libre de ses choix. Tout ça relevait de l'utopie, c'était un monde fantasmagorique créé de toute pièce par l'être humain, pour échapper par la pensée à la réalité. Toutes les issues aboutissaient à une impasse, son seul moyen de fuir était de quitter cette vie. Elle se leva et se laissa tomber mollement sur le lit, elle allait fermer ses yeux et ne plus les rouvrir. Jamais.

L'interphone grésilla. Elle ne l'entendit qu'à peine et son corps ne répondit plus aux stimulations cérébrales. Un géant entra dans la pièce, sa voix résonna comme un coup de tonnerre. *Le néant...il venait la chercher. Comment est-il entré?* Il s'adressa à elle mais son cerveau ne traduisait plus le sens des mots. Il s'approcha d'elle, il était très grand, cheveux bruns coupés en brosse, deux billes jaunes l'observaient, sa bouche remuait. Après un long laps de temps, la connexion se fit entre ses neurones et elle comprit qu'il essayait de savoir ce qu'elle avait ingurgité. Elle parvint seulement à articuler quelques

mots pour demander à appeler sa mère. Le géant aux globes luisants lui tendit un téléphone, par un réflexe inattendu, ses doigts composèrent le numéro de Viviane Mercier. Celle-ci décrocha visiblement étonnée que sa fille l'appelle.
- Allo? Elisa?
- Ma-man. Je ...je cr-ois que j'ai ..fait u-ne gro-sse -bê-ti-se.
- Tu as fait quoi?
- J'ai pr-is des -ca-chets.
A bout de force, incapable de lutter plus longtemps contre l'effet sédatif des comprimés elle lâcha le combiné et s'écroula sur le sol. Son corps et son cerveau déconnectèrent en même temps.

Le noir absolu. Lorsque son corps heurta le sol, son esprit fut plongé dans l'obscurité la plus totale. Elle n'était plus qu'une enveloppe de chair, inanimée, inconsciente. Son activité cérébrale était dangereusement ralentie, son souffle s'atténuait, la douleur s'apaisait, les émotions s'échappaient en millions de petites bulles, à la manière d'une bouteille de soda, trop secouée avant d'être ouverte. Le brouillard qui voilait ses pensées quelques instants avant sa chute se dissipa progressivement. Puis, une exquise sensation de plénitude se déversa par ondes successives dans tout son corps, le poids qui oppressait sa poitrine depuis des semaines s'allégea jusqu'à disparaître, les anxiolytiques qu'elle avait avalés neutralisèrent une à une les cellules nerveuses qui alimentaient sa conscience. Soudainement, ce fut comme si un rempart s'effondrait, le mur qui séparait son esprit du monde des vivants s'affaissa, la projetant définitivement hors du monde réel. Comme au théâtre, le lourd rideau qui masquait la scène s'ouvrit en deux pans, tirant la révérence à cette nouvelle venue.

Le minuscule appartement de trente deux mètres carré devint rapidement trop étroit. Un homme de grande corpulence vêtu d'une veste en tweed à carreaux et d'un pantalon de velours noir, aboyait ses directives. Avec lui deux médecins du SAMU s'affairaient dans la pièce. Ils durent pousser le lit contre l'armoire pour accéder à la jeune femme étendue sur le sol. Inconsciente depuis près de quinze minutes, ses fonctions vitales étaient sérieusement endommagées. D'après les quelques informations reçues par le standard du SAMU, il s'agissait d'une jeune femme d'environ vingt ans qui aurait tenté de mettre fin à ses jours en avalant des comprimés dont ils ignoraient encore le nom. L'homme à la veste en tweed farfouilla la pièce du regard, il finit par trouver le flacon de Lexomil entièrement vide. Mais impossible de savoir combien de comprimés il restait dans la boîte. Il entreprit alors de chercher l'ordonnance, à partir de la date de prescription et de la posologie il arriverait peut être à estimer le nombre de comprimés que la jeune femme avait avalé. Tandis qu'il fouillait l'appartement, les deux médecins du SAMU hissèrent le corps inanimé sur un brancard, l'un deux fixa la pince d'un oxymètre à l'index gauche de la victime, l'appareil indiqua 95%. La détresse respiratoire n'était pas loin, aussi il lui enfila un masque qu'il relia par un petit tube à une bombonne à oxygène. Avant de la porter dans l'ambulance ils contrôlèrent une nouvelle fois ses constantes. Sa tension avait chuté à 6, son pouls ne battait plus régulièrement et le rythme cardiaque frôlait l'asystolie. Ils collèrent des électrodes pour surveiller son rythme cardiaque pendant le trajet, puis en moins de quarante secondes, le brancard fut installé dans l'ambulance qui s'éloigna toutes sirènes hurlantes en direction de l'hôpital Henri Mondor à Créteil. Sur le trajet, l'homme à la veste en tweed leur révéla qu'elle aurait pris environ vingt-cinq à trente comprimés de Lexomil. Il avait trouvé l'ordonnance dans le sac à main de l'étudiante et n'avait pas eu besoin de calculer longtemps car la boîte venait d'être ouverte. Deux jours avant, la pharmacie du coin avait délivré le médicament prescrit pour un mois renouvelable. L'ambulance pénétra dans la zone réservée aux urgences quand le moniteur cardiaque s'affola, une sonnerie stridente transperça les tympans des occupants. Le cœur était en train de lâcher. On va la perdre!! hurla l'un des médecins en se ruant sur le défibrillateur.

La vue était splendide. Devant elle l'océan s'étendait à perte de vue. Assise au sommet d'une immense falaise elle observait le va-et-vient des vagues, s'étourdissait de leur mélodie sublime. Derrière elle le ciel surplombait des plaines de verdure infinies. Elle profita de cet instant magique, puis se leva, s'avança jusqu'au bord de la falaise. Elle leva les yeux vers le ciel, la Lune devint noire. Il était temps, Hécate venait de sonner le glas. L'heure était venue de goûter aux plaisirs de la liberté. Sans hésitation cette fois, elle bascula son corps désormais plus léger dans le vide. Elle savoura la sensation, elle était libre. Enfin. L'océan amortit sa chute, elle offrit sans restriction son corps à l'étreinte glacée des vagues et sombra paisiblement dans les abysses obscures. Elle s'enfonça dans les profondeurs mortelles de l'océan, lui faisant don de sa vie. A la surface, son esprit flottait dans l'écume, ses peurs, sa colère, son chagrin, s'étaient évanouis. Libre de toute entrave mentale, elle quitta le petit monde parfait de Viviane Mercier, elle ferma les yeux et s'abandonna pour de bon à son funeste choix.

Soutenue par Francis, son fiancé, Viviane Mercier dut s'asseoir. Ils venaient d'arriver à Maisons-Alfort. Après le coup de fil étrange d'Elisa, elle avait reçu un second appel encore plus étrange.
- Allo?
- Madame Mercier je suppose?
- En effet. Qui êtes vous?
- Je suis le Dr Guérout. J'ai été envoyé par le SAMU chez votre fille.
- Que lui arrive t-il? Pourquoi elle a parlé de grosse bêtise? Qu'est-ce qu'elle a fait?
- Madame, je crois que votre fille a tenté de se suicider.
- Quoi? Mais c'est de la folie. Ma fille ne ferait jamais une chose pareille...
Le sol s'était dérobé sous ses pieds. Des milliers de questions s'étaient ensuite bousculées dans sa tête. Malgré son incapacité à démontrer de l'affection à sa fille, elle éprouvait une inquiétude sincère à son égard, l'appel du médecin avait sonné comme une alarme. Elle avait pressenti la gravité de la situation. Aussi deux heures plus tard, elle était assise dans l'appartement de sa fille en train de lire son journal intime pour comprendre ce qui s'était passé.

Lundi 19 mai 2003

Cher journal,

Je n'en peux plus. Je suis rongée par cette dépression qui me dévore de l'intérieur. Ce matin je devais passer mes partiels, mais je ne peux pas m'y résoudre. Cependant si je ne me présente pas ma mère me coupera les vivres, m'abandonnera. Elle est la seule personne que j'aie dans ce monde, mon seul lien. Si elle rompt ce lien, il me restera quoi? La solution serait de passer mes examens mais je ne pourrais jamais les obtenir car je suis totalement incapable de réviser. Non seulement j'ai détruit tout ce que j'avais pour étudier mais le peu que j'ai récupéré je n'arrive pas à retenir. Mon cerveau ferme la porte à toute tentative de mémorisation. C'est peut être les médicaments. Depuis que je les prends, j'ai l'impression de m'être encore plus enfermée dans ma bulle dépressive. Ils me servent de camisole mentale, mais parfois ça ne fonctionne pas. Et puis je n'en peux plus, j'ai été emprisonnée tout ma vie par ma mère, et maintenant je suis cloisonnée à l'intérieur de mon propre corps à cause de ces fichues substances chimiques. Quoi qu'on fasse on est jamais vraiment libre dans ce monde. Je ne veux plus passer mes journées dans le noir, pleurer sans raison, je ne veux plus expliquer à des inconnus sur le net que ma vie est minable car ils ne comprennent rien. Je suis si seule. Pourquoi est-ce que ça fait mal à ce point?

J'aimerais hurler ma colère pour qu'elle s'évacue mais je n'y arrive pas. Je suis dans une impasse, je veux arrêter de souffrir, de penser, de faire semblant...je décide donc de quitter ce monde. Maintenant. Tout est prêt, je vais m'en aller, seule dans mon coin. J'espère que Vincent me pardonnera. Quelle que soit la force du lien qui nous a uni ces dernières semaines, ça ne me suffit plus. Il m'a offert des instants merveilleux, grâce à lui j'ai entrevu un monde meilleur, l'espoir d'une autre vie. Cet espoir est mort noyé par ma dépression. Je n'ai donc plus rien à faire ici. Pardonnes moi Vincent. Pardonnes moi pour le mal que je vais te faire au travers de mes actes, j'espère que tu comprendras comme tu as toujours compris qui j'étais. Le portrait que tu as fait de moi est extraordinairement beau mais ce n'est pas moi. Ce ne sera jamais moi. Au revoir.

Quant à toi Maman, je te quittes, je romps le cordon qui nous lie depuis l'enfance. J'ai trop souffert dans le silence de nuits agitées, trop pleuré seule le soir dans mon lit pendant que tu t'évertuais à être la femme parfaite que tout le monde admire. Me pardonner? Je sais que tu ne le feras pas. Je n'aurais jamais eu la force de t'affronter en face à face mais qu'importe. Adieu.

Et voilà. C'est la fin du chapitre Elisa Mercier. Je m'en vais, je quitte ce monde. Libre.

A la lecture de ces pages, Viviane Mercier reçut le plus grand choc de sa vie. Elle n'avait rien vu venir ou plutôt elle avait refusé d'écouter sa fille qui lui parlait de dépression. Elle réalisa soudain à quel point elle tenait à elle. Elle comprit enfin que ses tentatives pour faire de sa fille la meilleure en tout, avait été perçues comme une contrainte. C'était sa manière à elle d'aimer sa fille, mais celle-ci l'avait vécu très différemment. Un lourd sentiment de culpabilité s'abattit sur elle. Depuis la mort de son mari Dany, elle avait craint sans jamais se l'avouer de perdre un jour sa fille, de se retrouver seule. Elle avait alors tout fait pour lui offrir le meilleur, pensant obtenir sa reconnaissance et non son mépris. Elle se mit à sangloter bruyamment. Francis la serra dans ses bras, ému, attristé de la voir ainsi. Le médecin qui les avait prévenus n'était plus là à leur arrivée, mais il avait précisé qu'Elisa était transportée à l'hôpital de Créteil. Avant de partir, Viviane insista pour prendre quelques affaires pour sa fille, ignorant à cet instant la gravité de son état. En reposant le carnet d'Elisa sur le bureau, elle aperçut un papier griffonné à la hâte.

Je vous demande pardon à tous.
Maman, préviens Vincent s'il te plaît.
Tél : 0320212223

- C'est qui Vincent? interrogea t-elle à haute voix.
Francis haussa les épaules.
- Je n'en sais rien. Mais si elle a demandé qu'on le prévienne on devrait peut-être le faire.
- D'accord.
Elle composa le numéro d'une main tremblante. A la troisième sonnerie, une voix masculine lui répondit.
- Allo? Vous êtes Vincent?
- Oui.
- Je...je suis la mère d'Elisa.
- Enchanté Madame. Que puis-je faire pour vous? demanda t-il étonné par cet appel.
- Euh..je ...Elisa a fait une tentative de suicide.
...
- Allo? Vincent? Vous êtes toujours là?
- Oui, répondit-il d'une voix blanche.
- Vous savez pourquoi elle a fait ça?
- Non, je n'en sais rien. Je sais qu'elle n'avait pas trop le moral mais je ne pensais pas qu'elle commettrait un tel acte. Comment va-t-elle?
- Je n'en sais rien, je viens d'arriver chez elle, nous allions partir pour l'hôpital. Elisa avait laissé un mot ...(un sanglot étouffa sa voix), elle voulait qu'on vous appelle.
- Je vois. Donnez moi des nouvelles dés que vous en avez.
- Entendu. Au revoir.

Viviane ne s'attarda pas sur le manque d'émotions apparent du jeune homme. Elle prit quelques affaires dans un sac et ils se mirent en route pour l'hôpital. Lorsqu'ils arrivèrent, les urgences étaient en pleine effervescence. A l'accueil, une infirmière leur expliqua qu'a son arrivée la jeune femme était inconsciente, puis que suite à un arrêt cardiaque les médecins avaient dû intervenir pour la réanimer. Après plusieurs minutes d'effort son cœur s'était remis à battre, mais elle demeurait inconsciente. Viviane Mercier avait travaillé la majeure partie de sa vie dans les hôpitaux, habituellement c'est elle que l'on chargeait d'annoncer les tristes nouvelles aux familles. Cette fois les rôles étaient inversés, elle se sentit défaillir, et préféra s'asseoir pour reprendre ses esprits. Elle serra doucement la main de Francis, implorant silencieusement qu'Elisa s'en sorte indemne. Une demi-heure plus tard, une femme en blouse blanche vint à leur rencontre, son nom était inscrit sur le devant de son uniforme : Nora Carter. Elle se présenta.
- Monsieur et Madame Mercier?
Bien que non mariés ils acquiescèrent d'un hochement de tête. Elle poursuivit.
- Je suis le Dr Carter. La psychiatre de l'hôpital.
- Comment va ma fille? s'enquit Viviane d'une voix brisée par l'inquiétude.

- Humm...Elle a avalé une importante quantité d'anxiolytiques. Pour être franche avec vous, elle a été admise dans un état très grave. Son cœur s'est arrêté un moment. Les médecins ont pu la réanimer mais elle est toujours inconsciente.
- Elle va se réveiller?
Viviane fixa le Dr Carter d'un air sévère, elle devinait que quelque chose clochait. Elle réitéra sa question. Nora Carter se racla la gorge avant de répondre.
- C'est possible en effet.
- Possible? Le ton suraigu de sa voix trahit son émotion.
- Oui, c'est à elle de décider maintenant. Médicalement nous avons fait tout ce qui était à notre portée. C'est elle qui décidera si elle veut se battre ou non.
- Et si elle décide que non? hoqueta Viviane.
- Eh bien...dans ce cas elle ne se réveillera pas. Mais nous n'en sommes pas là pour le moment.
Le petit monde parfait de Viviane Mercier s'écroula sous l'effet de cet aveu. Elle éclata en sanglots. Compatissante, Nora Carter lui proposa un verre d'eau.
- Est-ce que je peux aller la voir?
- Bien sûr. Elle a été transféré dans mon service, 5è étage chambre 542. Parlez-lui, je pense qu'elle vous entendra.
- Merci.

Elle réprima une nouvelle crise de larmes et s'engagea dans le couloir en compagnie de Francis. Dans l'ascenseur, l'angoisse monta d'un cran. Faisant appel à tout son sang-froid, elle remit son masque de femme parfaite avant d'entrer dans la chambre. Elisa avait été placée dans une chambre individuelle, un moniteur cardiaque avait été installé pour continuer la surveillance. Un oxymètre était également relié à son index droit, du côté gauche une perfusion débitait du glucose au compte-gouttes. Allongée, les cheveux sales et défaits, Elisa était d'une pâleur morbide. Elle paraissait avoir vieilli de plusieurs années d'un seul coup. Viviane remarqua également qu'elle avait beaucoup maigri. Elle approcha un fauteuil auprès du lit et s'y installa. Silencieusement, elle effleura le visage de sa fille du bout des doigts puis elle prit sa main. Cette dernière était glacée comme si son corps avait déjà pénétré dans l'antre de la mort. Cette seule pensée la fit frémir, et les larmes roulèrent laissant des traînées de mascara sur ses joues. Elle pria Francis de la laisser un moment seul avec sa fille, il accepta sans ciller, et s'en alla patienter dans le couloir.

- Elisa, je ne sais quoi te dire. Pourquoi tu as fait ça ? A cause de moi? Je suis désolée, tellement désolée. J'ai tout gâché. (Elle pleurait).

Ressentant le besoin de se confesser auprès de sa fille, elle profita de cet instant particulier :

- Tu sais Elisa, je n'ai voulu que ton bien. Il s'est passé tellement de choses, d'abord le décès de ton papa puis la maison qui a brûlé. Tout ça m'a anéanti, j'ai l'air très forte mais je ne le suis pas du tout. J'ai du apprendre à me reconstruire et tu avais besoin de moi, je ne pouvais pas te laisser tomber. Tu n'imagines pas à quel point cela a été difficile de surmonter ces épreuves. Chaque fois j'avais l'impression de perdre tout contrôle sur ma vie, j'ai tout perdu quand ton père nous a quittées, et les seuls souvenirs qui nous liaient sont partis en fumée. Je n'avais plus aucun point de repère, c'est comme si ma vie, notre vie, avait été rayée, effacée, par un coup de baguette magique. Le seul moyen pour moi de survivre a été d'exercer un contrôle absolu sur tout ce qui m'entourait. Toi, mon travail. Je me suis jetée à corps perdu dans le travail, j'ai voulu te pousser à suivre ma voie car je voulais que tu ais des repères solides pour le jour où je ne serai plus là...Oh mon dieu...si j'avais su. Que t'ai-je fait Elisa? Est-ce que tu m'entends? Si seulement je pouvais avoir une seconde chance...

Après ces confessions, elle se sentit soulagée, elle observa sa fille et pour la première fois elle pensa qu'elle l'aimait. A sa manière certes. Mais elle l'aimait. Elle s'enferma quelques instants dans la salle de bains pour éponger son visage détrempé par les larmes. Elle s'apprêtait à ouvrir la porte de la chambre pour faire signe à Francis d'entrer quand le moniteur cardiaque se mit à sonner. Le son aigu de l'appareil résonna comme un signal d'alarme dans sa tête. L'instant d'après, la scène sembla se dérouler au ralenti, les infirmières se précipitèrent en courant dans le couloir, l'une d'elle poussait un chariot que Viviane n'avait que trop vu dans sa carrière. Elle voulut protester quand on la poussa à l'extérieur de la chambre, mais sa voix s'étrangla dans sa gorge. Elle s'effondra dans les bras de Francis, au fond d'elle une autre alarme retentissait, comme une intuition maternelle. Elisa, fais le bon choix je t'en supplie, implora t-elle , lorsque la porte de la chambre se referma derrière les infirmières.

Chapitre 21: Renaissance

Il faisait froid. Terriblement froid. L'océan turquoise et ses falaises majestueuses avaient cédé la place à un tourbillon sombre, glacial. Le froid était si intense qu'il mordait dans la chair. L'exquise sensation de légèreté avait disparu elle aussi. Elle poursuivait sa descente dans les entrailles ténébreuses de la mort, elle chutait dans un puits sans fond. Au fur et à mesure de sa progression, le froid s'intensifiait, le vide s'intégrait en elle, la possédait, annihilait toute connexion avec le monde réel.

Un à un ses membres cotonneux se vidaient de leur oxygène, le néant absorbait son souffle, se nourrissait de son énergie vitale, désemplissait son écrin charnel, mutilait son esprit. Un irrépressible besoin de lâcher prise la harcelait. Le puits sous elle ouvrait sa gueule béante, son voyage funeste n'en finissait plus. Au loin elle perçut l'écho de quelques murmures qui se répercutaient sur les parois du tunnel sombre dans lequel elle progressait. Elle ne distingua pas de suite leurs propos, quelque part en elle une image s'immisça, celle d'ombres qui attendent patiemment que l'esprit des défunts les rejoignent. C'était probablement ce qui était en train de se passer. Relâchant un dernier souffle, elle dériva jusqu'à elles, guidées par leurs chuchotements qui se firent de plus en plus précis. Ses yeux ensevelis sous un linceul opaque, l'empêchaient de les voir, mais elle sentit leur présence, elles étaient là tout près. Leurs voix agitées s'entremêlaient, elles usaient d'un langage qu'elle ne parvenait à décrypter. Elle avait froid, très froid, tandis que les ombres dégageaient une chaleur bienveillante. Une onde de plénitude la traversa, une sensation délicieuse de bien-être, un sentiment de liberté la gagna, son voyage dans les abysses mortelles touchait à sa fin. Encore quelques secondes et son esprit rejoindrait définitivement les ombres, leurs voix devenaient de plus en plus claires, les sons formaient des mots. Ces voix douces étaient un véritable pansement pour son âme déchue. L'une d'elle prononça un mot, un mot qui curieusement, évita tous les barrages, s'insinua dans la brume et parvint jusqu'à son esprit...

Choix. Plus que le mot en lui-même, ce fut la voix familière qui l'atteignit. *Elle a le choix, se réveiller ou cesser de se battre. Pourquoi elle a fait ça? Pourquoi...* D'un seul coup, ce fut comme un électrochoc, le froid lui cingla le visage, les bras, les jambes, incisant sa chair, disloquant ses cellules nerveuses. Au fond du puits, elle pouvait sentir le regard des ombres, telle une assemblée de jurés, elles se rassemblèrent autour d'elle, l'exhortèrent à prendre une décision : rester ou partir, vivre ou mourir. Emprisonnée dans son enveloppe charnelle, elle se retrouvait face à un ultime choix, quitter ce monde en infligeant à ceux qui resteraient la douleur atroce de l'absence, la culpabilité de n'avoir pas compris plus tôt, de ne pas avoir pu intervenir, d'avoir oublier d'aimer, ou bien, elle pouvait se réveiller, affronter le jugement de sa mère, de Vincent, de Chris, des médecins..., accepter de se battre pour survivre, endurer les épreuves sans faiblir, se confronter aux démons qu'elle avait fui en s'enfermant dans sa bulle dépressive. Elle réalisa un instant à quel point elle était maîtresse de sa destinée, bien que n'ayant pas conscience d'être sur un lit d'hôpital, entourée de personnes dans l'expectative de sa décision, elle comprit qu'elle venait de pénétrer dans l'insoupçonnable abîme de l'inconscient, à la frontière entre la vie et la mort. C'était elle qui décidait. Elle pouvait choisir, enfin! Pour la première fois, elle pouvait orienter la direction de son avenir. Mais quel intérêt si on la jugeait sur ses actes? Quelque soit sa décision, celle-ci s'accompagnerait de conséquences plus ou moins agréables. La vie et la mort réunies lui offraient en cet instant une occasion unique. Comme il était tentant de saisir la main tendue d'Hécate la perfide. Ce serait si simple...*Je ne sais pas pourquoi elle a fait ça. Et si elle ne se réveillait pas...* Cette voix? Vincent!

Un souvenir afflua brutalement dans son esprit encore affaibli par les anxiolytiques, elle revit la paroisse Saint-Rémi, accueillant des hommes et des femmes en tenues austères, portant des fleurs qu'ils déposaient près d'un cercueil. Ce jour là elle avait pensé que tôt ou tard, ce serait sa vie à elle qu'on viendrait célébrer tristement, avec pour seuls convives les employés des pompes funèbres. La voix de Vincent s'éleva à nouveau, suivie de celle de ...sa mère! Non! *Je ne suis plus seule...ils sont venus pour moi, ils tiennent à moi...je ne peux pas non. J'ai tellement envie de dormir...* Une petite voix aigue, fragile, s'adressa à elle. Elle ouvrit les yeux.
Face à elle, debout dans la chambre, une petite fille blonde, aux yeux clairs l'observait. Elle serrait contre elle un petit blouson rose. Elle fixa intensément Elisa avant de lui dire quelques mots : " tu peux y aller Elisa, je n'ai plus peur, je ne suis plus seule maintenant, et toi non plus. Vas-y ils t'attendent." Des larmes coulèrent spontanément, elle avait reconnue la petite fille au blouson rose, c'était elle, treize ans plus jeune. Elle comprit alors. Désormais elle n'était plus une enfant, elle venait de rompre avec son passé, l'avenir déroulait un immense tapis devant elle. Sa décision était prise. Ses paupières se refermèrent, elle s'endormit, épuisée, à bout de forces.

Debout dans la salle d'attente, Vincent faisait les cent pas. Le coup de fil de la mère d'Elisa l'avait d'abord surpris, puis il avait été pris de compassion face au désarroi de cette inconnue. Lui-même avait bien du mal à comprendre le geste d'Elisa. Son unique certitude résidait dans ce qu'il éprouvait. Il avait eu bien du mal à admettre l'effet qu'elle avait sur lui. Elisa était arrivée dans sa vie par le plus grand des hasards, rapidement un lien s'était tissé entre eux, une complicité, de la confiance, de la tendresse, de l'amitié puis de l'amour. A vingt huit ans, il appréciait son confort de célibataire vivant sous le même toit que son père, bien que sa belle-mère fut parfois pénible. Il avait rencontré des dizaines de filles avant Elisa, toutes intéressées soit par l'argent soit par le sexe. Aucune d'elles n'avait valu la peine d'entamer une relation un peu sérieuse à l'exception de la dernière, Angela. Elle l'avait manipulé, trompé. Aveuglé par son physique pulpeux et son apparente honnêteté il s'était laissé prendre. Aussi, il n'imaginait pas pouvoir rencontrer quelqu'un d'autre, qui lui donnerait envie de se poser, de partager un quotidien à deux, de faire à nouveau confiance. Elisa avait réussi cet incroyable pari. Au fond de lui, il avait su dés la première seconde qu'elle serait importante pour lui, mais à ce point...était-ce possible de ressentir un amour si profond, si sincère pour une personne tout juste rencontrée? Sa sensibilité, sa joie de vivre, son innocence, l'avaient conquis sans détour. Alors qu'elle-même se disait triste, malheureuse, il avait percé sa carapace et découvert en elle, une jeune femme exceptionnelle, passionnée. Il possédait la clef qui lui ouvrirait les portes d'un avenir serein. Il donnerait sa vie pour elle. Pour le moment, il était impuissant, cela le rendait fou. Il contenait avec peine la rage qui l'habitait, une rage mêlée à la peur de perdre l'être aimé. Il aurait voulu frapper les murs avec ses poings, balancer les chaises à travers la pièce, arracher Elisa à ses démons intérieurs. Mais il n'était pas en position de décider, elle seule pouvait faire le choix de revenir parmi eux. A l'autre bout de la salle, la mère d'Elisa patientait, séchant ses larmes de temps à autre, Francis la réconfortait du mieux qu'il pouvait. Bien qu'il n'ignorât pas la relation qui unissait la mère et la fille, Vincent, n'en voulait pas à Viviane. Au contraire, il comprenait sa détresse, mais en homme fort et fier il ne s'abaissa pas à le lui montrer. Et puis il estimait que chacun avait son fardeau à porter. Viviane semblait avoir réalisé que sa fille comptait bien plus qu'elle ne le lui avait laissé entendre toute sa vie, c'était l'essentiel. Tout ce qu'il espérait maintenant c'était qu'Elisa se réveille.

Après vingt quatre heures, l'attente interminable prit fin avec l'arrivée du docteur

Carter. Sa tignasse brune, ébouriffée, apparut à l'entrée de la salle d'attente à peine quelques minutes après leur arrivée, le lendemain de l'hospitalisation d'Elisa. Dans l'atmosphère pesante, tendue, le verdict tomba. Viviane se précipita alors dans la chambre de sa fille. La femme aux tenues impeccables, laissa échapper des cris gutturaux, et des sanglots étouffés. Au bord de l'hystérie elle avait ignoré la présence de Vincent et de Francis, pour se rendre auprès de sa fille. Lorsque la porte de la chambre s'ouvrit, elle défaillit mais se reprit immédiatement, puis s'écroula auprès de sa fille, éberluée. Les pleurs de la mère, contaminèrent la jeune femme, qui s'agrippa au cou de sa mère comme une enfant, en lui demandant pardon. Elle avait attendu toute sa vie que sa mère l'étreigne ainsi, le bonheur l'envahit, elle sut qu'elle avait pris la bonne décision, quelques soient les difficultés à venir, sa mère était là, elle l'aimait.

- Oh Elisa, je te demandes pardon. Je n'ai pas voulu t'écouter, te comprendre. Ma fille chérie, tu es tout pour moi. Pardonnes-moi.

- Je te pardonnes maman. Arrêtes de pleurer, s'il te plaît.

Paradoxalement, sa mère cherchait l'absolution, alors que c'était elle qui venait de commettre un acte répréhensible. Un mouvement sur la droite attira son attention. Vincent se tenait debout sur le seuil, son regard exprimait une tendresse qui la fit fondre en larmes. Il contourna le lit, et vint s'asseoir auprès d'elle. Avant même qu'elle n'ait pu dire quoi que ce soit, il la fixa intensément et lui dit "C'est terminé, tu es là. On n'en parle plus. D'accord"? Elle acquiesça d'un hochement tête, à la fois reconnaissante et stupéfaite. Jamais elle n'aurait pensé qu'il lui pardonnerait. Elle pensait l'avoir perdu et pourtant il était là. Un second mouvement à l'entrée attira son attention, Francis se dandinait sur le pas de la porte, ne sachant trop que faire. Viviane rougit, et gênée présenta Francis à sa fille. *Alors ça pour une nouvelle!* Après quelques brèves effusions, Nora Carter les pria de sortir afin de pouvoir s'entretenir avec Elisa.

- Bonjour Elisa. Je suis le Docteur Nora Carter. Psychiatre.
- Bonjour.
- Comment vous sentez-vous?
- Je suis fatiguée. Mais ça va.
- Est-ce que vous souhaitez que nous parlions de votre geste.
- Pas vraiment, fit-elle honteuse. Mais j'ai une question.
- Oui?
- Pourquoi est-ce que je me suis réveillée?

La psy parut déstabilisée par la question. Mais elle répondit d'un ton calme.

- Ce n'était pas votre heure, Elisa. Vous avez eu beaucoup de chance.

Cette seule réplique suffit. La jeune femme réalisa soudainement, tout cela n'était pas un jeu, elle avait bel et bien failli mourir. La gifle assenée par cette prise de conscience, la laissa sans voix. Elle n'avait nullement envie d'en parler.
- Vous allez pouvoir rentrer chez vous. Mais à condition d'être sous la surveillance de votre mère ou d'une personne proche. Vous devez comprendre que, dans ce type de situation, habituellement, les patients sont ensuite dirigés vers un service psychiatrique.
- Vous voulez dire, un asile? s'écria la jeune femme horrifiée. Ne me faîtes pas ça. Ce sera encore pire sinon.
- Etes vous certaine de ne pas réitérer votre geste?
- Je vous en donne ma parole. Ma mère y veillera, je vais le lui demander.
- Entendu, je vous accorde la possibilité de rentrer chez vous. Vous devrez continuer votre traitement pendant quelques temps. Je vous conseille également de prendre rendez-vous avec un confrère pour éclaircir les circonstances de votre geste.
- D'accord.

Une heure plus tard, les papiers de sortie et un courrier du Docteur Carter en main , Elisa quitta l'hôpital accompagnée de sa mère, de Francis, et de Vincent. Ce dernier soulagé de la voir saine et sauve, commençait à se sentir de trop. Il décida de rentrer à Halluin, non sans avoir promis à Elisa de l'appeler le soir même. D'un commun accord, il fut décidé que la jeune femme séjournerai quelques temps chez sa mère, à Rouen. A contrecœur, elle fit quelques bagages et ils rentrèrent. Le trajet fut particulièrement silencieux, Elisa songea aux évènements des dernières semaines, au chemin parcouru. En deux mois à peine, elle avait troqué son étoffe de petite fille parfaite mais fragile, contre une nouvelle écorce. A présent, elle ignorait comment se dérouleraient les prochains jours, mais elle se sentait étrangement sereine, apaisée. Le plus perturbant, restait d'imaginer qu'a vingt-deux ans, avant de commettre l'irréparable, elle était demeurée une petite fille de dix ans, incapable de prendre des décisions, d'assumer ses envies, de faire front à sa mère. Elle quittait Maisons-Alfort avec la sensation, d'être devenue en l'espace de quelques heures une autre personne. *Au fait quel jour sommes-nous? Combien de temps suis-je restée inconsciente? Tout ce que j'ai vu était-il réel?*

Elle passa près de quinze jours à Rouen. Elle occupait ses journées du mieux qu'elle pouvait. Sa principale activité consistait à discuter avec Vincent. Quant à Chris, il demeura aux abonnés absents. Pourquoi? Plus les jours passaient, plus les liens entre Elisa et Vincent se renforçaient. La distance géographique ne semblait pas exister. Elle puisa dans sa force et dans son soutien pour remonter lentement la pente. Elle mourait d'envie de le voir, de le toucher. Il devait vraiment l'aimer pour accepter non seulement son geste, mais aussi la distance qui les séparait. Quel avenir était envisageable pour eux? Elle concevait difficilement de poursuivre ses études à Paris, loin de lui. Ils ne se verraient quasiment jamais. Pour le moment il n'en parlait pas, alors elle évitait aussi le sujet. Un soir, alors qu'ils discutaient en ligne, elle osa aborder la question.

CarpeDiem75 dit: Vincent, tu penses parfois à la suite?

Vince59 dit : Que veux-tu dire?

CarpeDiem75 dit : Je parle de nous deux. Je vais bientôt retourner à Maisons-Alfort.

Vince59 dit : Je vois. J'y ai déjà pensé.

Carpediem75 dit : Et?

Vince59 dit: J'ai une proposition à te faire.

CarpedDiem75 dit: Laquelle?

Vince59 dit : Je t'aime Elisa. J'aimerais que tu viennes vivre avec moi. Dans le Nord.

CarpeDiem75 dit: Ouh là là...je ne sais pas quoi dire

Vince59 dit: Prends le temps d'y réfléchir. D'accord.

CarpeDiem75 dit: D'accord.

Vince59 dit : Je comprendrais si tu refuses. Mais dans ce cas, on ne se verrait plus. Cela

me ferait trop de mal sinon, je ne supporterais pas d'être loin de toi.
CarpeDiem75 dit : Je comprends. Je vais aller dormir et réfléchir à tout ça. Ok?
Vince59 dit: Ok.

Lorsque l'écran s'éteignit, elle resta un moment assise sans bouger. Vincent venait de lui offrir l'opportunité qu'elle attendait depuis si longtemps. Pouvoir tout quitter, recommencer une nouvelle vie. Depuis son retour à Rouen, elle n'avait cessé de ressasser tout ça dans sa tête. Elle avait fini par comprendre comment elle en était arrivée là. Dés lors qu'elle avait décidé de se détacher de sa mère, de faire ses propres choix, elle n'avait plus été galvanisée par la reconnaissance de celle-ci et n'avait pu trouvé aucun substitut. Toutes deux entretenaient une relation construite sur le schéma, dominant - dominé. En partant étudier à Paris, contre la volonté de sa mère, elle avait brisé cette chaîne, ce qui lui avait fait perdre tous les repères de son enfance, et conduite dans le gouffre de la dépression. Elle avait besoin de nouveaux piliers pour construire sa vie, de se bâtir une nouvelle existence. Vincent venait de lui offrir cette possibilité sur un plateau. Cela engendrerait de tout quitter, mettre un terme à ses études, encore une fois sa mère risquait fort de ne pas apprécier. Mais qu'importe. S'il y avait une leçon à tirer de son histoire, c'était bien qu'elle devait vivre avant tout pour elle-même. Elle venait de quitter son corps d'enfant pour renaître en une jeune femme, certes encore fragile, mais la vie lui offrait de vivre une seconde fois.

Lorsqu'elle retourna à Maisons-Alfort, on était déjà le 5 juin. A l'ESG les partiels étaient terminés depuis plusieurs jours. Elle n'aurait pas à retourner en cours de suite. Elle avait deux rendez-vous prévus le lendemain. Le premier avec Armand Derhy, le Directeur des Etudes de l'ESG. Le second avec le Dr Bréant. Aucune nouvelle idée de suicide ne lui était venue pendant les quinze jours passés chez sa mère, aussi celle-ci avait accepté de lui faire confiance, à la condition cependant qu'elle l'appelle une fois par jour. Viviane avait manqué de perdre sa fille, son unique enfant, et bien qu'elle ait conservé un goût prononcé pour le perfectionnisme, elle voyait enfin sa fille comme une adulte. Avec le temps, leurs relations s'amélioreraient sans doute.

Le lendemain, elle se présenta à l'ESG à dix heures. Elle fut étonnée de sentir les regards interrogateurs des autres étudiants, elle entendit quelques chuchotements à son sujet. Il avait fallu qu'elle en arrive à ce point, pour qu'on s'aperçoive qu'elle existait. Cela ne la vexa pas, au contraire, elle se faufila au travers des petits groupes la tête haute, car malgré les épreuves, elle pouvait se targuer d'avoir pris sa vie en main. Elle ne regrettait absolument rien. *Je vous emmerde tous,* pensa t-elle pour elle-même. Mr Derhy la reçut chaleureusement, se montrant presque paternaliste. L'ESG avait cette réputation d'ambiance familiale, c'est ce qui avait séduit la jeune femme. Elle relata brièvement les évènements des dernières semaines, s'attendant à voir une mine choquée ou consternée. Au contraire, comme toutes les personnes rencontrées depuis sa tentative de suicide, il se montra très compréhensif. Tout le monde avait droit à une période de faiblesse. Il accepta que l'étudiante repasse ses examens en septembre, à l'occasion de la session de rattrapage. Bien entendu, elle n'aurait qu'une seule chance pour les réussir. Soutenue par la compréhension et toutes les attentions dont elle avait été l'objet depuis quinze jours, elle se sentait légère, motivée, presque heureuse. Une seule angoisse continuait à la tarauder. Qu'adviendrait-il de Vincent? Elle n'avait pas encore répondu à sa proposition. Pour le moment, tout ce qu'elle faisait allait dans le sens inverse. Elle retourna à son appartement, d'un pas tout de même léger. Elle profita d'avoir du temps libre avant le rendez-vous avec le Docteur Bréant, elle redonna une seconde vie au petit deux pièces. Cette fois les volets et les fenêtres furent ouverts. Elle rangea, frotta, dépoussiéra, astiqua. Comme elle, l'appartement semblait renaître après une période de misère. Elle prit également le temps de cuisiner. Quinze jours chez sa mère, l'avaient obligé à reprendre un semblant d'alimentation. Même si le goût des aliments n'était pas encore très prononcé, un effet secondaire de la dose massive de médicaments qu'elle avait ingurgité, elle retrouvait petit à petit le plaisir de la nourriture. Elle avait perdu près de huit kilos en deux mois, comment ne s'en était-elle pas aperçue? Sous la douche, son corps portait les séquelles de la privation, ses côtes saillaient, ses cheveux étaient plats et desséchés. Elle envisageait d'ailleurs, de les couper.

A seize heures, elle patientait dans la salle d'attente toujours aussi miteuse. Les coussins semblaient avoir vieilli un peu plus depuis sa dernière visite. Le Docteur Bréant fut surpris de la revoir. Elle s'installa sans un mot, lui tendit le courrier rédigé par Nora Carter, après son passage aux urgences. Elle vit le psychiatre perdre son flegme au fil de la lecture, comme s'il découvrait que sa patiente allait mal. Ce qui finalement était le cas puisqu'il ne l'avait jamais prise au sérieux. Jusqu'à maintenant. Il leva la tête, son regard exprimait l'incrédulité, l'interrogation et la stupeur.

- Qu'est-ce qui vous a pris de faire ça?
- J'étais à bout, répondit-elle calmement.

- Expliquez-moi un peu comment vous en êtes arrivée là.
Elle narra toute l'histoire, sans ciller. Son séjour dans le Nord, sa prise de conscience, l'étouffement progressif, le besoin de fuir sa vie, sa relation conflictuelle avec sa mère, son incapacité à se présenter aux examens. La seule chose dont elle peinait à se souvenir, était le jour de la tentative de suicide. Le psy lui fournit l'explication.
- Le surdosage d'anxiolytiques a altéré votre mémoire. Ce type de médicamentation n'est pas sans conséquence. Vous souvenez vous comment vous êtes arrivée aux urgences? Ce n'est pas vous-même qui les avez prévenus?
- Non. Ma mère m'a expliqué avoir parlé avec un de mes contacts internet, pendant que j'étais à l'hôpital. Mon ordinateur était resté allumé, elle a voulu trouver une explication. En fouinant elle a fini par se connecter à ma messagerie en ligne, et Chris, ce fameux contact, lui a raconté que j'avais pris des cachets devant lui, par l'intermédiaire de la webcam. Je ne me souviens de rien, mais j'ai honte de lui avoir infligé ça.
- C'est compréhensible. Diriez-vous que vous souhaitiez mourir quand vous avez avalé ces cachets?
- Difficile à dire. Dans le fond je ne crois pas. C'était une manière d'attirer l'attention, de dire que ça n'allait pas. Je n'en pouvais plus de souffrir de l'intérieur, personne ne le

voyait, personne ne comprenait. Ma propre mère m'a jeté à la figure que je faisais du cinéma.
- Vous savez, Elisa, la dépression est un terme qui fait souvent peur. Beaucoup ont l'image d'individus enfermés dans des camisoles, que l'on gave de cachets pour qu'ils se tiennent tranquilles. La réalité est tout autre. La dépression est un état, plus ou moins long, pendant lequel on se sent mal, c'est une manière d'exorciser nos douleurs. Avant d'être une pathologie soignée par les médicaments, c'est une alerte de notre cerveau qui nous met en garde. Ralentis, arrêtes d'accumuler la colère, le ressentiment, la souffrance, le deuil etc... Ce dont vous souffrez aujourd'hui, c'est la forme la plus courante de la dépression. Vous avez eu un ras-le-bol, un trop plein d'émotions. Il existe au-delà de ça des formes beaucoup plus sévères de la dépression.
- Vous voulez dire que le fait d'avoir tenté de mettre fin à mes jours, n'est finalement pas si grave?
- Non ce n'est pas ce que je dis. Vous vous êtes mise en danger pour alerter votre entourage. Cela reste un geste extrêmement grave puisque vous auriez pu mourir. Ca n'a pas été loin. Simplement, ce passage à l'acte, vous a permis de toucher le fond, de comprendre que ce que vous imaginiez être la seule alternative, n'était pas forcément le mieux pour vous. Certes il y a tout un autre monde au-

delà de l'inconscient et de la mort. Mais ce n'est pas le but que vous recherchiez. Malgré l'horreur d'un tel acte, cela vous a ouvert les yeux. Comme pour un certain nombre de personnes, ça a été le déclic nécessaire.
- C'est tout de même terrible d'en arriver là pour ça.
- Je vous le concède, répondit le psy avec un demi sourire.
- Cela ne résout pas tous les problèmes pour autant.
- Que voulez-vous dire?
- J'ai par ce biais accepté, pour le moment, que je ne pouvais m'écarter du chemin tracé pour moi. Pour autant, je ne me sens pas complètement libérée.
- Selon vous, de quoi avez-vous besoin d'être libérée?
- Je voudrais que la petite fille en moi se taise. Vous savez cette petite fille qui a vu sa vie s'envoler dans la fumée d'une maison en flammes?
- Vous pensez donc que cet évènement tragique vous a isolée dans votre corps d'enfant?
- Oui. Et l'emprise de ma mère sur moi.
- Vous en êtes consciente, Elisa. Vous venez de prouver par vos actes que vous pouviez décider de votre sort. Vous n'êtes plus cette petite fille, mais vous avez peur de l'inconnu. C'est normal, si on savait tous ce qui nous attend, la vie ne serait plus aussi intéressante.
- C'est vrai, sourit-elle. Merci.

- Très bien. On va s'arrêter là pour aujourd'hui.
- Docteur? J'aurais une dernière question.
- Je vous écoute.
- Pensez-vous qu'on puisse renaître? Vivre une seconde vie dans une seule et même existence?
- Bien sûr. N'oubliez pas, c'est vous qui décidez.
- C'est tout ce que je voulais savoir. On fixe un autre rendez-vous?
- La semaine prochaine ça vous ira? Lundi à la même heure?
- Parfait. Au revoir.

Elle quitta le CMP, soulagée. Elle venait de trouver des réponses à ces interrogations. Et surtout, le psychiatre, s'était montré particulièrement attentif, à l'écoute. Lui aussi avait cessé de la voir comme une gamine capricieuse, qui raconte sa vie pour qu'on s'intéresse à elle. Il avait compris sa détresse. En rentrant, elle trouva un message de Vincent dans sa messagerie.

De: Vincent V.
A: Elisa Mercier
Le 05/06/2014 - 16:30
Objet : As-tu décidé?

Salut toi,

Bon je sais qu'on en a pas trop reparlé ces temps-ci. Mais j'aimerais connaître ta décision. Etre sans toi devient trop compliqué. Je préfère savoir maintenant si je dois passer à autre chose.

Je t'aime.
Vincent.

Elle rédigea une réponse à l'attention de Vincent. Elle était prête. Le psy lui avait dit quelque chose d'important : "C'est vous qui décidez". Une nouvelle fois, elle avait tranché. Ce choix c'était pour elle. Si elle restait ici, elle savait que tôt ou tard, elle revivrait le même cauchemar, elle n'aurait pas la force de combattre une seconde fois. Elle ne se voyait pas dans cinq ans, installée à Paris, avec un boulot confortable, et toujours le même mode de vie trop bien réglé. Pour pouvoir revenir à Rouen un jour, elle devait d'abord se forger une expérience professionnelle ici, mais assumer le métro ,boulot, dodo, était au-dessus de ces forces. Après avoir frôlé la mort d'aussi près, aucun risque ne lui semblait plus effrayant. Il allait falloir annoncer la nouvelle à sa mère.

Un mois plus tard. Le camion de déménagement était prêt, les cartons et les meubles furent chargés en moins de deux heures. Dénudé, l'appartement paraissait

triste, abandonné. Elle se tourna vers Vincent avec un sourire.
- Tu es prête?
- Oui. C'est une nouvelle vie qui commence.
- Tu seras heureuse. Je te le promets.
- Je sais.
Elle remit les clefs à l'agent immobilier venue inspecter les lieux avant le départ définitif de sa locataire. Tout était en ordre. Elle referma la porte, il n'y aurait plus de retour en arrière. Elle était heureuse ainsi. Elle rejoignit Vincent à bord du camion de déménagement, spécialement loué par ses soins. Lorsqu'ils tournèrent au coin de la rue, elle aperçut une fillette dans le rétroviseur, une petite fille blonde aux yeux clairs, serrant un blouson rose. Celle-ci lui sourit, et lui adressa un au revoir.
- Elisa? Tout va bien?
- Oui, je laisse un pan de ma vie derrière moi. C'est une sensation étrange. Je ne me suis jamais sentie aussi libre. Même si ma mère ne comprend pas mon choix. Elle s'y fera, j'en suis certaine.

Il sourit, puis le camion s'engagea en direction de l'autoroute.

Epilogue

Cher journal,

Nous sommes le jeudi 8 avril 2004. Il y a un an jour pour jour, ma vie basculait. J'ai passé des années à courir après celle que je n'étais pas. La vie a fini par me rattraper, me bousculer, me faire tomber. J'ai d'abord pensé que le sort s'acharnait sur moi. J'ai perdu tout mes repères, j'ai oublié pourquoi j'étais là, quel intérêt j'avais à vivre cette vie. Je suis arrivée à Paris en pensant trouver la liberté. Mais je me suis perdue, dans une vie monotone, j'ai petit à petit imité les individus qui sillonnent les rues et les couloirs du métro. J'ai oublié, que la vie ne tourne pas uniquement autour du travail, des études, qu'a côté il y a plein de choses merveilleuses à vivre. Aussi, j'ai fini par m'emprisonner moi-même, dans une cage invisible dont on a vite fait le tour. Je pensais que la liberté, serait d'échapper à l'emprise de ma mère, construire ma propre route. Je n'avais pas totalement tort, cependant pour tracer son chemin, il faut parfois se perdre, il faut également laisser derrière soi tout ce que l'on connaît, tout ce qui fait de nous l'être que l'on devient.
Je l'ai appris à mes dépends. La dépression a eu raison de moi. Cette période de ma vie, je ne la regrette pas, quelles qu'aient pu être les

épreuves. La dépression, nous broie, nous anéantit.
D'abord, la dépression vous isole, puis elle vous amène à douter du monde extérieur à votre bulle, vous ne croyez plus personne comme si chacun avait pour rôle de vous mentir. On vous décrit un monde meilleur, de l'amour, de la joie, mais comment pourrait-on être plus joyeux que dans sa bulle. Une bulle où rien ne vous atteint, où l'on se sent en sécurité. On s'y blottit comme l'enfant au creux des bras d'une mère aimante. On s'habitue à cette chaleur et on en devient dépendant. Lorsque cette atmosphère devient pesante, la soupape de sécurité évacue le trop plein d'émotions par les larmes. Rien de traverse la bulle ni de l'intérieur ni de l'extérieur. A l'intérieur de cette bulle on est libres, personne pour vous juger, pas de comptes à rendre, pas de promesses à tenir, pas d'horaire à respecter, des journées illimitées....l'immensité de l'inconscient comme terrain de jeu. Le seul répit est le sommeil, on s'endort pour quelques heures seul moment où la réalité reprend ses droits mais trop peu pour qu'on s'en aperçoive. Avec le temps on se crée un monde à soi, et on s'éloigne des parois de la bulle pour s'enfoncer dans les profondeurs abyssales de l'âme humaine. On plonge au cœur d'un gouffre en toute confiance sans savoir si il y aura un sol pour

nous retenir mais qu'importe puisqu'on ne ressent plus la douleur.

Après une année de traitements antidépresseurs et anxiolytiques, je commence à peine à me reconstruire. Sans la présence de Vincent au quotidien, ce serait très compliqué. A chaque fois que je flanche, il est là, il me prend par la main et me dit "Regardes autour de toi, tu as des placards remplis, une chambre douillette, un salon immense, tu as un travail, et tu m'as moi. N'oublies jamais tout ça t'appartient Elisa." Chaque semaine, je rencontre une psychologue, elle m'aide à avancer, à rebâtir de nouveaux piliers. Je pense maintenant que la dépression, n'a pas eu que des effets néfastes. J'ai compris que j'étais bien plus forte que je ne le soupçonnais. J'en ressors grandie, ne dit-on pas que ce qui ne tue pas rend plus fort? J'en suis la preuve. Je n'ai pas honte de dire que j'ai tenté de mettre fin à mes jours, comme on l'a souligné maintes fois, tout le monde a droit d'avoir un petit moment de faiblesse. Je n'irais pas jusqu'à dire que je recommencerai, mais je n'ai aucun regrets sur mon passé. C'est la fin d'un chapitre dans mon histoire personnelle. Peut être un jour, la raconterai-je au gré d'un livre? Pour le moment j'ai encore un long chemin à parcourir. Je m'en vais sereine à la rencontre de l'avenir , quel que soit ce qui m'attend au prochain tournant. Avant de clore cette dernière page, j'ai une pensée pour Chris. Je ne serai pas là sans lui. Je culpabilise toujours de l'avoir contraint à supporter une telle épreuve, il a commis un acte héroïque à mes yeux. Il ne me connaissait pas, il aurait pu couper la connexion, m'abandonner à mon sort et poursuivre sa vie. Il ne l'a pas fait, je l'en remercie. Même si je ne suis plus amenée à avoir de ses nouvelles, je n'oublierai pas.

Elisa Mercier.

Témoignages

"Je voyais tout en noir car c'était ma vision de la vie qui était chamboulée. Quand on est en dépression *on se sent seul, incompris, on a envie d'en finir pour arrêter cette souffrance. Je pense que je resterai vulnérable à cette maladie peut être plus qu'une personne qui ne l'a pas connue. C'est une maladie qui est je pense en nous mais chez certaines personnes elle ne se déclare pas. Malheureusement chez moi la dépression m'est tombée dessus. Le mot " malheureusement " ne me plaît pas vraiment car après tout c'est un mal pour un bien. Je me sens grandi, plus mature et plus apaisé. C'est un signe que les choses vont mieux pour moi ouf.... Je connais mon cerveau, enfin je veux dire par là que je peux maintenant savoir et reconnaître les symptômes de la dépression. Je vais toujours en consultation et je suis super content de pouvoir diminuer les traitements." Je suis prêt à arrêter tout ça.*

(J.B)

"Ma journée type: je me lève le matin, je déjeune, j'apprends mes cours ou je les photocopie, je discute de temps en temps au téléphone ou je fais des sms, l'après midi, je bois je suis alcoolique à cause de cette dépression. Ce sont des ennuis alors c'est difficile de se

retenir de boire pour évacuer. Je ne bois pas le matin par contre. Le soir je ne mange pratiquement plus, j'ai trop bu et c'est difficile de manger. L'après midi, je vais sur le net, je blogue essentiellement, pour aider les autres ou pour discuter avec des habitués. Le soir je dors tôt vers 20H, je prends mes médicaments qui me font dormir et je dors parfois plus de 12H d'affilée, ça réduit le soir."

(Anonyme)

" Je cache à beaucoup de monde ma dépression, je n'aime pas trop que les gens que je croise au quotidien soientt au courant, je l'ai dit a quelques-uns et des fois ils sont un peu patauds et comme j'ai pas envie que la nouvelle se répande plus que ça...Dans les moments difficiles c'est surtout ma solitude qui me ronge, ces derniers temps comme je replongeais un peu j'avais de nouveaux des idées noires mais ce qui m'a poussé a aller voir mon médecin c'est des envies de scarifications alors que j'ai ça en horreur..."

(M.J)

"Avant d'exister pour les autres, il faut exister pour soi-même."

(E.B)

Un an plus tard

Tout était prêt. Sur la table, ornée d'une nappe rouge, les flûtes à champagne et les amuse-gueules étaient disposés. Vincent, ouvrit la première bouteille de champagne, dont le bouchon sauta bruyamment avant de s'écraser au sol, sous les fous rires des invités. Une fois chacun servi, il fit tinter une cuiller sur le bord de son verre, réclamant l'attention de tous.
Elisa l'enlaça, et posa sur lui un regard plein de tendresse. Elle avait accepté un an plus tôt de le suivre dans le Nord. Ils s'étaient installés en août 2005 dans un bel appartement de style colonial au cœur de la petite ville d'Halluin. Malgré les réticences de sa mère, qui lui avait reproché de ne connaître Vincent que depuis quelques semaines, elle n'avait eu aucune hésitation. Vincent l'avait aidé dans ses recherches d'emploi, et désormais ils avaient tous deux une situation confortable. Rassurée de voir sa fille s'épanouir auprès de ce jeune homme, Viviane avait fini par accepter. De son côté, elle avait également emménagé avec Francis et coulait des jours heureux, auprès de l'homme parfait comme elle l'appelait. Tous les invités se tournèrent vers le couple qui annonça à ses fiançailles. La date du mariage n'était pas encore fixée. Emue Viviane, félicita les jeunes gens. Elisa était radieuse. Sa nouvelle existence lui con-

venait parfaitement, elle ne regrettait aucun de ses choix ni de ses actes.

Remerciements

Je remercie mon mari, qui a approuvé d'emblée ce projet, et m'a soutenu sans limites.

Merci également aux personnes qui m'ont confié leurs témoignages; leurs histoires personnelles. Je remercie en particulier Julien Bertrand, qui m'a permis de le suivre pendant plusieurs mois dans son vécu, et sans qui la couverture du livre n'aurait pu être.

Enfin, merci à Caroline et Patricia pour leur regard objectif et impartial dans la relecture des premières ébauches.

Biographie

A 7 ans, on m'a donné mon premier livre à lire seule le soir. Depuis je n'ai jamais cessé de lire. La lecture est une véritable passion pour moi, thrillers, romans à suspens, romans sentimentaux, fiction, histoires vraies.

Née en 1981, je me suis installée dans le Nord il y a une dizaine d'année. Après une expérience palpitante en tant que chef d'entreprise pendant plusieurs années, je me suis reconvertie au métier de Gestionnaire de comptes depuis 2010 au sein d'une société implantée en Métropole Lilloise.
Inspirée par des auteurs dont j'admire le travail, j'ai décidé qu'il était temps pour moi de passer aussi l'épreuve de l'écriture. J'ai songé à ce projet pendant plusieurs années, mais il m'aura fallu attendre d'être prête car écrire c'est se dévoiler au travers des mots. Bien au delà de l'histoire, on transmet toujours une partie de soi, on ajoute notre sensibilité, nos points de vue, notre vécu parfois.

J'ai choisi dans ce premier roman de mettre l'accent sur la sensibilité du personnage, d'emmener le lecteur dans une histoire à la fois surprenante et dramatique. Basé sur des faits réels et des témoignages recueillis pendant plusieurs mois, j'espère que les lecteurs

prendront autant de plaisir à le lire que j'en ai eu à l'écrire.
Un deuxième roman est prévu pour 2015, cette fois dans le registre Thriller très sombre.

Pour suivre mon actualité :

Page facebook :
https://www.facebook.com/mafabuleuseaventure

Mon blog
www.auteur -emmanuelle.turpin.com

Ne manquez pas en 2015 la parution de mon prochain roman : ***Instinct Primitif*.**

Pour connaître la date de sortie rendez-vous sur mon blog

Note

Je me suis inspirée de faits et de lieux réels. Pour les besoins de l'histoire, certains personnages ont conservé leur véritable identité. Cependant je tiens à préciser, qu'aucun jugement de valeur n'est à percevoir dans mes mots. J'ai notamment conservé le nom d'Armand Derhy, Directeur des Etudes de l'ESG Paris et de Frédéric Encel. J'adresse à tous deux mes plus profonds respects pour le travail qu'ils accomplissent. Les faits énoncés les mettant en scène sont purement fictifs.

Sommaire

Collection : Plume au bout des doigts

Editeur : Thebookedition.com

Dépôt légal : décembre 2014
N° de dépôt **DLE-20141217-78882**

www.ingramcontent.com/pod-product-compliance
Lightning Source LLC
Chambersburg PA
CBHW062022170626
46813CB00001B/255

* 9 7 8 2 9 5 5 0 8 9 6 0 6 *